余英時文集——12

論天人之際

中國古代思想起源試探

余英時——著

余英時文集編輯序言

聯經出版公司編輯部

余英時先生是當代最重要的中國史學者，也是對於華人世界思想與文化影響深遠的知識人。

余先生一生著作無數，研究範圍縱橫三千年中國思想與文化史，對中國史學研究有極為開創性的貢獻，作品每每別開生面，引發廣泛的迴響與討論。除了學術論著外，他更撰寫大量文章，針對當代政治、社會與文化議題發表意見。

一九七六年九月，聯經出版了余先生的《歷史與思想》，這是余先生在台灣出版的第一本著作，也開啟了余先生與聯經此後深厚的關係。往後四十多年間，從《歷史與思想》到他的最後一本學術專書《論天人之際》，余先生在聯經一共出版了十二部作品。

余先生過世之後，聯經開始著手規劃「余英時文集」出版事宜，將余先生過去在台灣尚未集結出版的文章，編成十六種書目，再加上原本的十二部作品，總計共二十八種，總字數超過四百五十萬字。這個數字展現了余先生旺盛的創作力，從中也可看見余先生一生思想發展的軌跡，以及他開闊的視野、精深的學問，與多面向的關懷。

文集中的書目分為四大類。第一類是余先生的**學術論著**，除了過去在聯經出版的十二部作品外，此次新增兩冊《中國歷史研究的反思》古代史篇與現代史篇，收錄了余先生尚未集結出版之單篇論文，包括不同時期發表之中英文文章，以及應邀為辛亥革命、戊戌變法、五四運動等重要歷史議題撰寫的反思或訪談。《我的治學經驗》則是余先生畢生讀書、治學的經驗談。

其次，則是余先生的**社會關懷**，包括他多年來撰寫的時事評論（《時論集》），以及他擔任自由亞洲電台評論員期間，對於華人世界政治局勢所做的評析（《政論集》）。其中，他針對當代中國的政治及其領導人多有鍼砭，對於香港與台灣的情勢以及民主政治的未來，也提出其觀察與見解。

余先生除了是位知識淵博的學者，同時也是位溫暖而慷慨的友人和長者。文集中也反映余先生**生活交遊**的一面。如《書信選》與《詩存》呈現余先生與師長、友朋的魚雁往返、詩文唱和，從中既展現了他的人格本色，也可看出其思想脈絡。《序文集》是他應各方請託而完成的作品，《雜文集》則蒐羅不少余先生為同輩學人撰寫的追憶文章，也記錄他與文化和出版界的交往。

文集的另一重點，是收錄了余先生二十多歲，居住於**香港期間**的著作，包括六冊專書，以及發表於報章雜誌上的各類文章（《香港時代文集》）。這七冊文集的寫作年代集中於一九五〇年代前半，見證了一位自由主義者的青年時代，也是余先生一生澎湃思想的起點。

本次文集的編輯過程，獲得許多專家學者的協助，其中，中央研究院王汎森院士與中央警察大學李顯裕教授，分別提供手中蒐集的大量相關資料，為文集的成形奠定重要基礎。

最後，本次文集的出版，要特別感謝余夫人陳淑平女士的支持，她並慨然捐出余先生所有在聯經出版著作的版稅，委由聯經成立「余英時人文著作出版獎助基金」，用於獎助出版人文領域之學術論著，代表了余英時、陳淑平夫婦期勉下一代學人的美意，也期待能夠延續余先生對於人文學術研究的偉大貢獻。

目次

代序

中國軸心突破及其歷史進程

上篇：中國思想史的開端——比較文化史的探索

《論天人之際》（以下簡稱「本書」）是關於中國思想起源的一部專題研究。出於對比較文化史的觀察角度的重視，我在本書中特別借用了「軸心突破」作爲分析的概念。我認爲只有在其他古文化—特別是西方—的對照之下，中國軸心突破的文化特色才能充分地顯現出來。我對於這一論題早就發生了濃厚的興趣，幾十年來始終未斷，不過沒有機會展開較爲全面的研究而已。一九七七年我撰寫〈中國古代知識階層的興起與發展〉（收在我的《中國古代知識階層史論》，台北：聯經出版公司，一九八〇），其中第四節題作「哲學的突破」（"Philosophic breakthrough"），即是本書整體構想的發端。但「哲學的突破」在本書中已一律改作「軸心突破」（"Axial breakthrough”)。爲什麼會發生這一變化？這是我必須首先交代的問題。

如所周知，有關「軸心時代」、「軸心突破」一套說法，是雅斯培(Karl Jaspers, 1883-1969)在《歷史的起源與目標》(*The Origin and Goal of History*)一書中正式提出的(德文原本成書於一九九四年)。但在一九七五年以前，他的「軸心」概念尚未普遍流行。我在上述專論中雖提及他的「軸心時代」(按：文中譯爲「樞紐時代」)，然而所知不深，以致輕易放過。當時我所用「哲學的突破」一詞則借自帕森斯(Talcott Parsons, 1902-1979)，見於他爲英譯本韋伯《宗教社會學》(Max Weber, *The Sociology of Religion*, 1964)所寫的「引論」(Introduction)及其他相關論文。帕氏「哲學的突破」是針對下面的現象而發：在西元前第一個千紀(the first millennium B.C.)之內，「哲學的突破」以截然不同的方式分別發生在希臘、以色列、印度和中國等地，人對於宇宙、人生……的體認和思維都跳上了一個新的層次。事實上，這便是「軸心時代」與「軸心突破」說的一個提要。帕森斯大概認爲這是盡人皆知的常識，因此並無一字提及雅斯培及其理論。我當時一方面以爲「哲學的突破」出於韋伯有關古代世界宗教研究的創獲，另一方面又感覺這一概念正可解釋中國思想的起源，所以便毫不遲疑地採用了。

但一九八〇年代以後，由於以色列社會學家艾森斯塔(Shmuel Noah Eisenstadt, 1923-2010)和他的朋友們的大力推動，「軸心文明」(“Axial civilization”)引起了人文與社會科學界的廣泛研討，其風至今未衰。最近宗教社會學家貝拉(Robert N. Bellah)的 *Religion in Human Evolution: From the Paleolithic to the Axial Age*(Harvard University Press, 2011)和哲學家泰勒(Charles Taylor)

的*Dilemmas and Connections, Selected Essays*（Harvard University Press, 2011）都對這一題旨展開了深入的論證。「軸心」的概念在今天已獲得西方學術界的普遍接受，「吾從眾」是唯一合理的選擇。

其次，我願意借此機會簡略地交代一下：我爲什麼選擇雅斯培「軸心」說作爲探討中國思想史起源的切入點？概括言之，這是因爲「軸心」說最適合於我的研究重點之一，即通過比較文化史的進路以凸顯中國文化的主要特色及其在世界史上的地位。而我之所以很早便發展出這一特殊的研究重點，則和我個人的讀史經驗密切相關。

我在高中最後一年讀到胡適（一八九一—一九六二）評梁漱溟（一八九三—一九八八）《東西文化及其哲學》的文字，引起很大的興趣。接著我又找到梁的原書來對著讀。坦白地說，以我當時的程度，對於梁先生的抽象議論實在不甚了了。但是我追求中西文化異同的強烈欲望卻是這樣被激發起來的，而且從此長在心頭，揮之不去。進入大學以後，我選擇了中國史爲專業，因爲希望從歷史上尋找中西文化不同的根源所在。但當時史學界已籠罩在「歷史演進一元論」的氛圍之中。這裡所謂「歷史演進一元論」大致可以簡括如下：

受到牛頓物理學巨大成就的啓發，十八世紀法國啓蒙思想家中已頗有人（如孟德斯鳩Montesquieu, 1689-1755）開始主張用牛頓的方法來研究人文與社會現象。於是一個新的信念逐漸形成：人的世界和自然世界一樣，也存在著普遍有效的規律，可以通過科學方法而發現。到了十九世紀，歐洲便出現了不少社會思想家（如孔德[Auguste Comte, 1798-1857]、馬克思[Karl Marx,

1818-1883〕)，相信自己已發現了人的世界的規律，並據之以進行歷史分期。和自然世界的規律一樣，這些規律也是「放之四海而皆準，行之百世而不惑」的。因此任何地域的社會(或文明)都在它們的支配之下。用在歷史分期方面，這是預設所有的社會(或文明)都必然經歷相同的發展階段；或者說：在絕對性規律的支配下，歷史演進只有這一條路，是任何社會(或文明)所不能不遵循的。所以我稱之為「歷史演進一元論」。

歷史演進一元論在「五四」前後已傳入中國，我在大學時期所接觸到版本大致是說：西方已從上古、中古演進至近代以至現代階段，而中國則仍停留在中古時期。最著名的例子是馮友蘭(一八九五—一九九〇的《中國哲學史》：他將自漢初到清末劃分為「經學時代」，即相當於西方中古的經院哲學(scholasticism)，並明白宣稱：與西方相比，中國哲學史整整缺少了一個「近代」階段。這是一九四九年以前，在史學界流行極廣的一個觀點。歷史演進一元論在一九四九年以後達到了最高峰，其最具體的表現便是斯大林欽定的「五階段論」(見《聯共黨史簡明教程》)成為中國大陸上歷史分期的唯一準則。此事盡人皆知，不待更有所論述。但這裡必須鄭重指出：我所關懷的中西文化之異，在歷史演進一元論的結構中，已從空間轉向時間，主要成為「先進」(西)與「落後」(中)的不同了。至於其他一切「文化的」差別則都是次要的，只能理解為表現方式或風格的分歧而已。

在一九六〇年代以前，我在原則上承認歷史規律的發現是一個可能性，雖然我並未接受其中任何一家的理論。但一九六〇年代以後，我已不得不放棄「歷史規律」的概念。逼我放棄的原因很多，下面只說幾個比較重要的：

第一，誠如一九九〇年代幾位美國史學家所指出的，遲至一九六〇年前後，邏輯實證論一派的哲學家仍然強調，史學的首要任務應當是尋找歷史發展的規律。然而他們對於下面這一事實卻視若無睹：歷史學家從來沒有發現過任何一個普遍有效的歷史規律[1]。這一無可辯駁的事實使我們不能不開始追問：人的世界是不是真的和自然世界一樣，也存在著普遍而永恆的規律？

第二，十九世紀以來，提倡「歷史演進一元論」者雖代有其人，但大體上都是一些抽象的主張。在具體研究和論述中，他們所處理的歷史經驗往往限於西歐一隅，因此所總結出來的演進階段並不能有效地延伸到其他國家或地區。在這個問題上，馬克思恰好是一個最清楚的例證。馬克思最初用「生產方式」劃分歷史階段(奴隸——封建——資本主義)，並不是要建立普遍有效的歷史規律，而是概括西歐自希臘、羅馬以下的歷史經驗。因此他另外提出所謂「亞細亞生產方式」("Asiatic mode of production")以概括中國、印度和某些回教國家的政治經濟型態。至於他在《資本論》中所展開的系統分析，那更是嚴格地限於西歐地區。一八七七年有一位俄國信徒把它移用在俄國史研究上面，他讀後憤慨地說：

1 見 Joyce Appleby, Lynn Hunt and Margaret Jacob, *Telling the Truth about History* (New York and London: W.W. Norton, 1995), p. 169.

他一定要把我關於西歐資本主義起源的歷史概述徹底地變成一般發展道路的歷史哲學理論，一切民族，不管他們所處的歷史環境如何，都注定要走這條道路。……但是我要請他原諒。（他這樣做給我過多的榮譽，同時也給我過多的羞辱。）[2]

可見馬克思絕不認爲西歐的資本主義是任何社會所不能不經歷的「一般發展道路」。後來斯大林爲了意識型態的需要，不但完全拋棄了「亞細亞生產方式」之說，而且把馬克思關於西歐資本主義的起源論推廣爲普遍性的歷史規律。他的「五階段論」在史學領域所造成的負面影響，早已有目共睹，這裡毋須詞費了[3]。

第三，自上世紀一九六〇—七〇年代以來，以自然科學的實證方法來研究人文和社會現象的傳統想法已逐漸破產了。就社會科學而言，很多人都感到實證方法的限制太大，不夠處理「人的世界」中比較精緻的問題。因此詮釋學趁虛而入，出現了所謂「詮釋的社會科學」(“interpretive social science”)。格爾茲(Clifford Geertz, 1926-2006)便是公開採取詮釋立場研究文化人類學並且發生重大影響之一人。他對「文化」的觀念作了以下的解說：

---

2 “Reply to Mikhailovsky,” in David Mclellan ed., *The Thought of Karl Marx: An Introduction* (New York: Haper Torchbooks, 1974, c1971), pp. 135-136.

3 關於以上的討論可參看 Leszek Kołakowski, trans. P.S. Falla, *Main Currents of Marxism* (New York and London: W.W. Norton, 2005), pp. 287-289.

我相信韋伯(Max Weber)所言，人類是懸掛在自己編織的意義之網上的動物。我把文化看作這些網，所以對文化的分析不是尋找規律的實驗科學，而是探究意義的詮釋之學。[4]

詮釋人類學對史學影響很大，一九七〇年代以後西方史學研究明顯地從社會、經濟史轉向文化史，格爾茲所謂「探究意義」取代「尋找規律」，在這裡獲得了清晰的印證[5]。就史學觀念而言，這裡還應該一提伯林(Isaiah Berlin,1909-1997)的貢獻。無論是史學不可能成爲一種自然科學，或歷史進程並不受任何「巨大的超個人勢力」(“vast impersonal forces”)的絕對決定，伯林的分析和論辯都具有極大的說服力。前面提到的「歷史演進一元論」至此已失去存在的依據[6]。

從「歷史演進一元論」的幻境中解脫出來以後，我便無法再將當前中、西文化的不同理解爲「落後」與「先進」之別。十九世紀至二〇世紀的中國既不在「中古」時代，更與所謂「封建」扯不上任何關係。我們在這裡清楚地看到：「演進一元論」其實是西方中心論的體現。無論是較早的上古—中古—近代的歷史分期、斯大林的「五階段」說或一度在美國盛行的「現代化理論」

4 見他的 *The Interpretation of Cultures* (New York: Basic Books, 1973), p. 5.

5 Joyce Appleby, Lynn Hunt, and Margaret Jacob, *Telling the Truth about History*, pp. 217-223.

6 可看以下兩文：“The Concept of Scientific History” 和 “Historical Inevitability”，都收在Isaiah Berlin (Henry Hardy and Roger Hausheer eds.), *The Proper Study of Mankind: An Anthology Essays* (New York: Farrar, Straus and Giroux, 1998), pp. 17-58; 119-190.

（Modernization Theory），顯然都是從西方的獨特歷史經驗中總結出來的，然後再武斷地假定其他非西方文明或社會也必然將依照西方的模式發展。換言之，西方是典型而且先行了一步，非西方則亦步亦趨地追隨於後。西方文明與非西方文明之間並不是處於平等的地位，在此一目了然。所以我自始即對「演進一元論」抱著很大疑問。

相形之下，從比較歷史(comparative history)的角度研究多元文明(或文化)的人則往往能對不同的文明抱著同樣尊重的態度。早在十八世紀赫爾德(Johann Gottfried von Herder, 1744-1803)便已強調：不同的文明或社會都各有其重心所在，只有通過其特有的價值系統才能眞正了解。換句話說，不同文明之間可以互相比較，但不能用同一標準去衡量[7]。可見赫爾德承認文明不僅是多元的，而且各有其不能取代的價値。上世紀中葉湯恩比(Arnold J. Toynbee, 1889-1975)的十卷本《歷史研究》（*A Study of History*)是規模最大的關於「文明」（civilizations)的綜合研究。他以畢生之力勤搜史料，對古今二十一個「文明」的興衰過程進行了比較，旨在探討西方文明的前途。這裡毋須涉及有關此書的重大爭議。我要特別指出的是：湯恩比和赫爾德一樣，對於所有文明都是尊重的。他認爲西方文明雖在最近一、兩百年主宰了世界，但其內在限制已不可掩，絕不可能單獨引導人類走出困境。因此他極力主張西方基督教文明和科技文明必須與其他主要文明(包括東亞儒

---

7 “Cultures are comparable but not commensurable.” 見Isaiah Berlin, *Vico and Herder: Two Studies in the History of Ideas* (New York: Viking Press, 1976), pp. 182-183.

學文明、日本文明、印度文明、伊斯蘭文明）進行深入對話，共同開闢新路。在歐、美重要學人中，他無疑是公開放棄西方中心論的先驅之一。

最後讓我回到雅斯培關於文明的比較研究。雅氏是哲學家而不是史學家，因此他關注的不是一般文明，而是「軸心文明」，也就是經歷過「軸心突破」的文明。「軸心突破」是什麼，請看他在《歷史的起源與目標》中的一段描述：

> 初次有了哲學家。人作爲個人敢於依靠自己。中國的隱士與遊士（按：指老子、孔子、墨子等）、印度的苦行者、希臘的哲學家、以色列的先知，無論彼此的信仰、思想內容與內在稟性的差異有多大，都屬於同一類的人。人證明自己能夠在內心中與整個宇宙相照映。他從自己的生命中發現了可以將自我提升到超乎個體和世界的內在根源。[8]

原文很長，但上面幾句扼要的話已足夠說明問題；「軸心突破」指世界古代文明在發展過程中的精神大躍動，最後導致系統性的哲學史或思想史的正式發端。他對中國之「士」、印度之「苦行者」、希臘之「哲學家」和以色列之「先知」一視同仁，肯定他們都達到了同等的精神高

---

8 Karl Jaspers, Michael Bullock trans., *The Origin and Goal of History* (New Haven: Yale University Press, 1953), p. 3.

度，因此在各自的文明中完成了內涵互異的「軸心突破」。這就說明：他在哲學或思想的領域中徹底拋棄了黑格爾以來的西方中心論。我們都知道，黑格爾根本不承認「東方哲學」（"Oriental philosophy"）可以望希臘哲學的項背；他對中國和印度的思想都評價極低[9]。雅斯培則對中國和印度作了以下的明快論斷：

> 中國和印度占據著與西方比肩的位置，不只是因爲它們一直存活到今天，而是因爲它們都完成了突破。[10]

換句話說，由於中國和印度都經歷了「軸心突破」，因此它們和西方是站在完全平等的地位。可見雅斯培所採取的立場與上述赫爾德和湯恩比基本相同。我相信這應該是比較文化史研究的一種常態，所以本書將接著雅斯培的論述探討中國的「軸心突破」。首先我必須進一步澄清「軸心」說和本書的關涉。

本序文開端說過，一九七七年我討論「哲學的突破」雖已觸及「軸心」說，卻淺嘗即止，未加深究。但一九九七年我起草本書英文初稿時，「軸心」說已成顯學之一。讀了一九八〇年代以

---

9 Georg W.F. Hegel, E.S. Haldane trans., *Lectures on the History of Philosophy: Greek Philosophy to Plato*(Lincoln : University of Nebraska Press, 1995) vol. I, pp. 119-147.

10 Karl Jaspers, Michael Bullock trans., *The Origin and Goal of History*, p. 52.

下許多社會學家、史學家、哲學家們的多方面發揮和深入考察，我不能不承認「軸心」說確有堅強的根據。因此我毫不遲疑地把它當作基本預設之一而接受了下來。

稍後我又進一步認識到韋伯關於古代世界宗教的觀察，與雅斯培的「軸心」說之間確有不少可以互相印證之處。這更加強了我對後者的信任。關於這一點，最近貝拉在他的新著中說得很簡要：

> 雖然雅斯培只提到亞爾弗勒德・韋伯（Alfred Weber；按：即麥克斯・韋伯Max Weber之弟）是「軸心時代」（"axial age"）概念的來源之一，但是我們可以確定，由於他早年和麥克斯・韋伯之間的學術淵源相當重要，後者的影響也是不容低估的。麥克斯・韋伯關於世界各大宗教的比較研究已涵蘊了類似「軸心時代的假設」（"axial-age hypothesis"）。不但如此，我在他的著作中還發現：他所討論的「先知時代」（"prophetic age"）簡直和「軸心時代」如出一轍。他追溯了以色列、波斯、印度的各種先知運動，並涉及中國的類似運動，上起西元前八世紀和七世紀，下及六世紀和五世紀，這些運動在他看來便是稍後世界各大宗教的背景。[11]

11 Robert N. Bellah, *Religion in Human Evolution: from the Paleolithic to the Axial Age*, p. 271.

由此可知韋伯關於「軸心時代」的構想和雅斯培並無二致，不過他的研究重點在世界宗教的興起，視域既異，名稱自然不同。他是社會學家而兼史學家，其論斷建立在經驗性的證據(empirical evidences)上面，恰好與雅斯培的哲學論斷互相支援。這樣一來，「軸心」說作爲歷史假設的地位便更鞏固了。所以我決定以它爲本書討論的起點。這裡所謂「起點」則有兩重涵義：第一，「軸心突破」奠定了一個文明的精神特色，所以中國、印度、希臘、以色列四大軸心文明最後無不自成獨特的文化體系。第二，軸心突破以後的獨特精神取向在該文明的發展中起著長時期的引導作用。雅斯培指出，中國和印度在突破後一直順著以往的方式生活了下來，與傳統沒有中斷過。西方情形比較複雜，因爲以色列宗教和希臘哲學的匯流造成了別具一格的精神傳統，中間有較大的變動和起伏。但大體上看，兩千年來西方也依然保持了它的「文化連續性」(“cultural continuity”)。這一觀察基本上是合乎事實的[12]。以上兩點同樣可以用來解釋先秦思想的起源及其對中國文化的長期導向作用，因此成爲我探索中國軸心時代的基線。

從以上的回顧可知，本書以「軸心」說爲討論的起點，曾經過了長時間的反覆斟酌與考慮，並非偶然興到或震於其「顯學」地位而然。我必須承認，「哲學突破」或「軸心突破」這樣的提法，涉及四大古文明的比較，我一開始接觸便立即發生「似曾相識」(déjà vu)之感。稍後追尋此感何來，終於發現這是由於我早年(一九五〇年代初)受到聞一多〈文學的歷史動向〉一文的影響

12 見 Karl Jaspers, Michael Bullock trans., *The Origin and Goal of History*, pp. 59-60.

所致。此文開宗明義便說：

> 人類在進化的途程中蹣跚了多少萬年，忽然這對近世文明影響最大最深的四個古老民族——中國、印度、以色列、希臘——都在差不多同時猛抬頭，邁開了大步。約當紀元前一千年左右，在這四個國度裡，人們都歌唱起來，並將他們的歌記錄在文字裡，給流傳到後代。在中國，《三百篇》裡最古部分——《周頌》和《大雅》，印度的《黎俱吠陀》（*Rig-veda*），《舊約》裡最早的《希伯來詩篇》，希臘的《伊利亞特》（*Iliad*）和《奧德賽》（*Odyssey*）——都約略同時產生。[13]

很顯然的，聞氏這裡講的也是一種「軸心突破」，不過是略早一點點的詩歌，而不是哲學，因此把時間定在「紀元前一千年左右」。我既有聞氏的論述在胸，再讀帕森斯與雅斯培的著作自若鍼芥之相投，不過當時不自覺罷了。聞氏此文作於一九四三年，比雅斯培《歷史的起源與目標》尚早六年，眞可謂「東海西海，心同理同」了。

我決定將「突破」這一概念應用在先秦諸子學起源上，還有更深一層的背景。《莊子・天下》篇說：

---

13 聞一多，《神話與詩》，《聞一多全集》，第一冊（上海：開明書店，一九四八），頁二〇一。

天下大亂，聖賢不明，道德不一，天下多得一察焉以自好。譬如耳目鼻口，皆有所明，不能相通。猶百家眾技也，皆有所長，時有所用。雖然，不該不徧，一曲之士也。……悲夫！百家往而不反，必不合矣。後世之學者，不幸不見天地之純，古人之大體，道術將爲天下裂。

這一段話主要是說上古原有一個渾然一體的「道」，但由於「天下大亂，聖賢不明」之故，竟失去了它的統一性。於是「百家」競起，都想對「道」有所發明，然而卻又陷入「見樹不見林」的困境，各家所得僅止於「一曲」，互不相通，「道」作爲一個整體因此更破「裂」而不可復「合」了。這個看法後來又見於《淮南子・俶眞訓》：

周室衰而王道廢，儒、墨乃始列道而議，分徒而訟。

「裂」即「列」的假借，本是同一字。但此說並非道家所獨有，《荀子・解蔽》篇劈頭就說：「凡人之患，蔽於一曲，而闇於大理。」「大理」即「道」，故後文評墨子以下八家之「蔽」曰：「皆道之一隅」。可見荀子對於諸子學興起的認識與〈天下〉篇作者一致，不過沒有明用「裂」字而已。

有此背景在意識中，我初遇「哲學的突破」之說便立即聯想到「道術將爲天下裂」那句話，覺得"breakthrough"和「裂」好像是天造地設的兩個相對應的字。〈天下〉篇是不是莊子所撰，現代學人中持論不一，這裡不能詳考。但我們有充足理由相信，「道術將為天下裂」的觀念並非後代人的嚮壁虛造，而是從莊子本人的寓言中變化出來的。內七篇出莊子之手，古今大致無異辭，其中〈應帝王〉篇便有一則極著名的寓言：

南海之帝為儵，北海之帝為忽，中央之帝為渾沌。儵與忽時相與遇於渾沌之地，渾沌待之甚善。儵與忽謀報渾沌之德，曰：「人皆有七竅以視、聽、食、息，此獨無有，嘗試鑿之。」日鑿一竅，七日而渾沌死。

「渾沌」即暗喻上古以來渾然一體的「道」，「儵」與「忽」之「日鑿一竅」則喻「百家」興起於「儵」「忽」之間，終於將那個渾然一體的「道」分裂了。〈天下〉篇將「百家眾技」比作「耳目鼻口」更明明脫胎於寓言中「視、聽、食、息」之「七竅」。這兩條文字之間互相照應得如此絲絲入扣，使我不能不相信〈天下〉篇作者確是有意將莊子「寓言」中的深層涵義用「莊語」傳達出來。如果我的推測不算大錯，那麼我們可以斷定：莊子不但是中國軸心時代的開創者之一，參與了那場提升精神的大躍動，而且當時便抓住了軸心突破的歷史意義。這樣看來，本書以雅斯培「軸心」說為討論的起點，可以說是順理成章，沒有一絲一毫的牽強附會。

但是過此以往，本書的整體構想則是我自己的大膽嘗試。一九九七年四月我起草本書原稿時，已讀到了不少討論中國軸心突破的文字。在這些討論中，中國軸心時代主要被理解爲孔、老以下諸子學之興起；古代中國曾經歷了一場軸心突破，已成爲絕大多數論者的共識。其間雖偶爾有人提出異議，卻得不到其他學者的重視[14]。由於參與討論的主要是西方學人，他們對於以色列和希臘軸心時代的歷史與文化變動大致都具有親切的認識，但相形之下，對於中國和印度則稍隔一層，而尤以中國爲更隔。因此，我決定對從孔、老開始的中國軸心突破進行一次比較深入而系統的探索。我最感興趣的包括下面這些問題：例如以色列以《舊約》和摩西的故事爲背景，希臘則以任意妄爲的諸神爲背景，那麼中國的突破又是針對著何種特殊的歷史和文化背景而發生的呢？其次，在肯定了中國發生過軸心突破之後，緊接著便是對突破過程的探源和溯流：唯有如此，中國軸心突破的文化特色才能充分顯現出來。但此中涉及多方面的分疏工作，如先秦諸學派與歷史文化背景的一般關係和個別關係，以及諸學派之間的異同和分合。最後，還有一個密切相關的問題：如前面已指出的，軸心突破不但奠定了一個文明的獨特精神取向，而且還對該文明的發展起著長期的引導作用。既然如此，我們當然希望進一步認清軸心突破後中國精神(或思想)的主要特色何在，以及在其他軸心文明(特別是西方)的對照之下，它呈現出來的具體型態爲何？

以上所舉的幾個問題，在當時我閱覽所及的相關論著中，都未能得到正面的處理，即使偶然

14 例如 Mark Elvin, "Was There a Transcendental Breakthrough in China?" in S.N. Eisenstadt, ed., *The Origin and Diversity of Axial Age Civilizations* (Albany: State University of New York Press, 1986), pp. 325-359.

觸及，也淺嘗而止。因此我決意重讀先秦主要文本，從軸心突破的特殊角度探討中國古代系統思想史（即先秦諸子）的起源。這當然不是零散的考證所能爲力的，而必須先有一套通貫性設想以統攝並整理種種複雜的事實與觀念，最後才可能試著建構出一個條理秩然的歷史敘事。

下篇：中國軸心突破的展開

本書的最後定稿可以看作是我個人的整體構想及其論證的一次總結：這是經過了長期醞釀和一再修改才暫且確定下來的。探索和撰寫的過程略見〈上篇〉和書末跋文。由於全書頭緒紛繁，論證也曲折複雜，我深感有必要對於本書主旨作一提綱式的說明，以爲讀者執簡御繁之一助。幾經考慮之後，我決定以中國軸心突破的展開歷程爲中心線索，提出關於中國思想緣起的一篇系統性敘事。因此本篇並不僅僅是全書的簡單撮要，而實與之詳略互見，並且在論點方面也有不少新發展。

本書的一大綱領在於斷定三代的禮樂傳統（也可簡稱「禮」）爲中國軸心突破提供了直接的歷史文化背景。所以我的系統性敘事便從這一論斷開始。本書第二章〈軸心突破與禮樂傳統〉所論甚詳，但爲一般讀者著想，下面兩個論據是最具關鍵性的。

第一，關於三代禮樂傳統，《論語・爲政》曰：

> 子曰：「殷因於夏禮，所損益，可知也；周因於殷禮，所損益，可知也；其或繼周者，雖百世，可知也。」

孔子這段名言一方面強調夏、商、周三代的文化連續性，另一方面也指出每一代都有「損」和「益」，並非一成不變。這一歷史論斷在傳統時代是被普遍接受的，到了現代不但沒有受到質疑，而且還不斷獲得地下發掘的印證。很多考古學家和古史家都傾向於承認夏代的存在，但由於在考古方面迄今尚未取得文字的證實，只好暫且置之不論。至於「周因於殷禮」而又有「損益」，則現代考古所提供的證據實不勝枚舉。最值得注意的是周代甲骨文的發現與研究。一九五〇年代以來，周卜文字時有所見，但規模最大、也最轟動的是一九七七年在周原（鳳雛村）——周人發祥地——所發現的大批甲骨。其中有若干片可斷定爲周文王時代的祭祀紀錄，且包括殷王在內（如「成唐」，即湯及「文武帝乙」，紂辛之父）。最初專家中有人認爲這是周文王崇祀殷先王，但旋即有人提出異議，以爲祭者不是周文而是紂辛。無論如何，殷、周之間的文化延續則由此可見。所以王宇信在《西周甲骨探論》中說：

> 「周因於殷禮」。代殷而起的周王朝繼承了商王朝在政治、經濟和文化等方面的全部遺產，在利用甲骨進行占卜方面當然也不會例外。我們認爲西周甲骨與殷商甲骨仍屬於一

個系統，西周甲骨在不少方面與殷墟甲骨有著共同性。[15]不但如此，從考古材料上看，周代的「禮」一直在變動中，孔子「損益」之說也信而有徵。[16]

第二，先秦最先出現的三學派——儒、墨、道——都是在禮樂傳統中成長和發展起來的，而它們之間的思想分歧也源於對待「禮樂」的態度各不相同。以儒家而言，「孔丘年少好禮」（《史記・孔子世家》），三十幾歲時已是魯國最負重名的禮學專家；《論語・八佾》記他「入太廟，每事問」，必是實錄。但孔子雖出身於禮樂傳統，卻對當時已「崩壞」的禮樂，極爲不滿。因此他決心從內部徹底改造這一傳統。他從追問「禮之本」開始，最後歸宿於禮樂必須以「仁」爲其精神核心，故曰：「人而不仁，如禮何？人而不仁，如樂何？」（〈八佾〉）仁和禮一方面互相支援，另一方面又互相制約，這正是儒家思想的一大綱維。其次，墨子思想也是針對著當時禮樂狀態而形成的。《莊子・天下》篇說他：

> 作爲《非樂》，命之曰《節用》，生不歌，死無服。……毀古之禮樂。

15 王宇信，《西周甲骨探論》（北京：中國社會科學出版社，一九八四），頁一六五。

16 見 Lothar von Falkenhausen, *Chinese Society in the Age of Confucius (1000-250 BC): The Archaeological Evidence* (Cotsen Institute of Archaeology, University of California, Los Angeles, 2006).

這一概括在《墨子》和其他先秦記載中可以一一得到印證，其眞實性是很高的。但墨子反對的是當時所謂「周禮」，因爲它已流爲極其繁縟的外在形式而無任何內在的意義可言；用墨子自己的話，即是「繁飾禮樂以淫人，久喪僞哀以謾親」（〈非儒下〉）。但是他並沒有全面推倒三代禮樂傳統的意圖。在和儒者公孟辯論「法古」的問題時他說：

且子法周而未法夏也，子之古非古也。（〈公孟〉）

因此後世評論如《淮南子・要略》，說他「背周道而用夏政」；清末孫詒讓也斷定他「於禮則法夏而絀周」[17]。我相信他和孔子一樣，也有意從內部改造三代禮樂傳統，不過他走的是化繁爲簡的道路，托名於「夏」而已。

最後再看一看道家和三代禮樂傳統的關係。首先値得注意的是孔子問禮於老子的傳說（見《史記・孔子世家》），《禮記・曾子問》引孔子，且有「昔者吾從老聃助葬於巷黨」的話。這一類的傳說和語錄雖已無從證實，但它們都是從先秦輾轉流傳下來的，至少暗示老子和禮樂傳統或有某些淵源。今本《道德經》三十八章有下面一段論「禮」的話：

17 見《墨子閒詁・後語上》（台北：河洛圖書影印本，一九八〇），頁五。

夫失道而後德，失德而後仁，失仁而後義，失義而後禮；夫禮者，忠信之薄而亂之首也。

《道德經》的作者是否即傳說中的禮學大師老聃，在此只能置之不論。但這一對「禮」的深刻批判恐不能不假定批判者曾受過禮學的透徹訓練。因此胡適說：

「禮者，忠信之薄而亂之首」，正是深知禮制的人的自然的反動。[18]

他並進一步推斷，老子這句話，和孔子一樣，也是追求「禮之本」而得到的認識。《莊子・大宗師》中關於「禮意」的一段話恰可助證胡氏之說：

子桑戶、孟子反、子琴張三人相與友……。莫然有閒，而子桑戶死，未葬。孔子聞之，使子貢往侍事焉。或編曲，或鼓琴，相和而歌……。子貢趨而進曰：「敢問臨尸而歌，禮乎？」二人相視而笑曰：「是惡知禮意！」

18　見胡適，《說儒》，收在《胡適全集》第四卷（合肥：安徽教育出版社，二〇〇三），頁八〇。

以當時通行的喪禮而言，「臨尸而歌」自然是不合「禮」的。但莊子重視的不是外在的形制，而是如何將內心的「禮意」恰如其分地表達出來。故郭象注曰：

> 夫知禮意者，必遊外以經內，守母以存子，稱情而直往也。若乃矜乎名聲，牽乎形制，則孝不任誠，慈不任實，父子兄弟，懷情相欺，豈禮之大意哉！

這便和孔子以「仁」說「禮」，殊途而同歸了。

從上面兩系論證中，我們可以得到以下這個簡要的概括：三代以來不斷「損益」的禮樂傳統爲軸心突破提供了一個具體的歷史場所；儒、墨、道三家的創始人都自禮樂傳統中來，而對當時「禮壞樂崩」的狀態則同有「是可忍，孰不可忍」之感。因此他們不但各自提出如何更新這一傳統的構想，並且以此爲始點而發展出互不相同的系統學說。這是中國軸心突破的展現，也是中國哲學性思維的全面而有系統的發端。韋伯論知識階層(“intellectual strata”)和宗教的關係，提出過一個觀察：中國的儒家(如孔子)和道家(如老子)以及印度的婆羅門貴族，與希臘哲學家相似，都擁有很高的社會地位和學術訓練，因此也各自承擔了某種倫理或救世的使命。這些知識階層，一般而言，對於當時存在的宗教實踐並不採取官方的立場。他們對之或不加聞問，或在哲學上重新作出解釋，但卻不從其中直接抽身退出[19]。韋伯統論三大古文明中知識階層對當時流行中「宗教」的態度，所以只能如此寬泛言之。如果專就中國儒、墨、道的表現來說，我們似乎可以得到下面這一比較確切的概括：代表古代知識階層的儒、墨、道三個學派都對當時流行的「禮樂」抱著深切的不滿；也就是說，他們的立場和官方之間距離很大。但是他們並不主張完全拋棄「禮樂」傳統，而是各自對它賦予新的意義。我在這裡特別用「禮樂」一詞代替韋伯的「宗教」，是因爲中國古代的「宗教」托身於「禮樂」之中，而「禮樂」的內涵又不能簡單地和西方的「宗教」概念劃等號。

現在讓我對「中國古代『宗教』托身於『禮樂』」一語稍作澄清，因爲這將有助於彰顯中國軸心突破的文化特色。茲先節引墨子有關「禮」的緣起的看法：

> 昔三代聖王禹、湯、文、武欲以天之爲政於天子……故莫不……祭祀上帝鬼神，而求祈福於天。（〈天志上〉）

引文中「欲以天之爲政於天子」代表他對於「天志」的信仰，這裡可以置之不論。但他描述「三

19 Max Weber (Guenther Roth and Claus Wittich eds.), *Economy and Society* (Berkley: University of California Press, 1978), vol. I, pp. 502-503.

代聖王」爲了「求祈福於天」而「祭祀上帝鬼神」則大致代表當時以至後世的一個流行觀念。所以《說文解字》「示」部說「禮，履也，所以事神致福也；從示，從豊。」又「豆」部：「豊，行禮之器也；從豆，象形。」王國維〈釋禮〉一文討論殷墟卜辭「豊」字，以爲此字上半之「𠁩」「象二玉在器之形」，並引申之曰：

> 古者行禮以玉，故《說文》曰：「豊，行禮之器。」其說古矣。……實則「豊」從玨，在凵中。從豆乃會意字，而非象形字也。盛玉以奉神人之器，謂之「𠁩」若豊。推之而奉神人之酒醴，亦謂之醴，又推之而奉神人之事，通謂之禮。（《觀堂集林》卷六）

據《墨子》和《說文》，「禮」的本義爲「事神致福」，再據殷墟卜文，「豊」爲「盛玉以奉神人之器」。王國維更進一步推斷「豊」字「象二玉在器之形」，尤爲重要；我以爲「二玉」或分指「璧」與「琮」，即《周禮·春官·大宗伯》所謂「以蒼璧禮天，以黃琮禮地」。由此可知「禮」在起源時具有徹底的宗教性質。（「樂」也是如此，天神、地祇、人鬼皆「可得而禮」，見《周禮·春官·大司樂》。）

「禮樂」的宗教功能確定之後，緊隨之而來的問題便是：通過禮樂的運作以取得與上帝、神、鬼交通的究竟是怎樣一種宗教群體？稍知中國古代宗教與政治狀況的讀者大概都會立即想到：這一群體非「巫」莫屬。事實上，巫文化與禮樂傳統之間的密切關聯及其長期演變正是本書大綱領中一個最重要的向度；忽視了這一向度，中國軸心突破也將無從索解。

首先必須聲明，本書沒有討論巫的來源問題。巫究竟是源自本土或從域外傳來？這是現有史料(包括考古發掘)所解答不了的。而且就本書的論旨而言，這個問題完全不相干。書中雖偶引現代有關薩滿教(shamanism)研究以資比較，但並不預設巫和薩滿之間有任何歷史淵源。我僅僅肯定一點：做爲神、人之間的中介，二者在功能上有可以互相參照之處而已。我比較傾向於相信，這一功能是許多初民宗教所共有的，不必非假定傳播論(diffusionism)不可。

由於書闕有間，巫在中國的起源及其早期歷史目前還無法重建。爲了討論的方便，姑且以盡人皆知的「絕地天通」神話爲始點。《國語．楚語下》記楚大夫觀射父答楚莊王(在位西元前五一五—四八九年)「重、黎實使天地不通」之問，說：

> 古者民神不雜。(中略)及少昊之衰也，九黎亂德，民神雜糅，不可方物。夫人作享，家爲巫史，無有要質……顓頊受之，乃命南正重司天以屬神，命火正黎司地以屬民，使復舊常，無相侵瀆，是謂絕地天通。

神話中三個階段——「古者民神不雜」、「民神雜糅」、「復舊常」而「絕地天通」——自然不是眞實歷史，但卻不妨看作是中國遠古宗教發展的一種殘餘記憶。這一神話也見於《尚書．呂刑》，只有一句簡單的話：

乃命重黎絕地天通，罔有降格。

但根據僞孔傳，這裡「乃命」的「皇帝」不是顓頊而是堯，重與黎則分指其後代之羲與和。（參看《史記·五帝本紀》「乃命羲、和」句的〈集解〉和〈正義〉。）至於「罔有降格」四字，則不見於《國語·楚語》；《僞孔傳》釋之曰：

天神無有降地，地祇不至於天，明不相干。

比較兩本，似乎各有來歷，而不是同出一源的繁簡之別。如果所測不誤，則「絕地天通」神話在古代或曾廣泛流傳。但在這一關聯上，我要特別介紹現代學者曾運乾（一八八四—一九四五）對於「罔有降格」一語的新解。他說：

格，格人，能知鬼神情狀者；降格，言天降格人也。20

依此解，「格人」即是巫，乃「天」、「人」之間的中介。我認為此說比《僞孔傳》合理，可以

20 見曾運乾《尚書·正讀》（北京：中華書局，一九六四），頁二七九—二八〇。

接受。因爲「絕地天通」的關鍵便在於「夫人作享，家爲巫史」的狀態必須嚴予禁絕。此處唯一需要澄清的是：「罔有降格」四字緊接著「乃命重、黎絕地天通」一語而來，即表示帝堯(或顓頊)不許巫再在神與民之間進行溝通的意思。

非常意外地，最近的考古發掘竟使我們對「絕地天通」神話不能不另眼看待。下面是蘇秉琦(一九〇九—一九九七)關於江南地區良渚文化的重要觀察。他首先指出：

> 至遲開始西元前第三千年中期的良渚文化，處於五帝時代的前後期之間，即「絕地天通」的顓頊時代。良渚文化發現的帶有墓葬的祭壇和以琮爲中心的玉禮器系統，應是宗教已步入一個新階段的標誌。[21]

接著他又以瑤山遺址爲例，進一步說明巫與禮的關係：

> 男覡女巫脫離所在群體葬地，集中葬於祭壇，是巫師階層已形成才可能出現的現象。(中略)瑤山等地墓葬最值得重視的現象，是琮、鉞共爲一人的隨葬物，顯示神、軍權集於一人的事實。玉琮是專用的祭天禮器，設計的樣子是天人交流，隨著從早到晚的演

21 蘇秉琦，《中國文明起源新探》(香港：商務印書館，一九九七)，頁一二〇。

> 變，琮的製作越來越規範化，加層、加高、加大，反映琮的使用趨向壟斷，對天說話，與天交流已成最高禮儀，只有一人，天字第一號人物才能有此權利……。這與傳說中顓頊的「絕地天通」是一致的。[22]

「絕地天通」竟在良渚墓葬中，找到了它的史影，這是至可驚異的。

本書討論「絕地天通」神話曾廣泛參考過現代學人的見解。（見第一及第六章）我的基本論點是：地上人王「余一人」或「天子」通過對於巫術的政治操縱，即巫師所具有的祭祀和占卜之類「神通」，獨占了與「天」或「帝」交流的特權。巫師之所以能行使中介功能也是奉「余一人」之命而行。不但如此，「余一人」也往往以人王的身分擔任「群巫之長」的角色，親自主持祭祀、占卜的禮儀；卜辭中的商王和《尚書・金縢》中的周公都提供了具體的例證[23]。現在有了良渚考古新發現的旁證，我們已可推斷：「余一人」通過巫的祭祀方式以壟斷與「天」或「帝」的交通，早在三代之前便已開始了，而後來的「天命」的意識似乎也在萌芽之中。

---

22 蘇秉琦，《中國文明起源新探》，頁一二四。

23 「群巫之長」的概念是陳夢家所提出的，見他的名文：陳夢家，〈商代的神話與巫術〉，《燕京學報》，二〇期（一九三六），頁五三五；商王之例見 David N. Keightley, *Sources of Shang History: The Oracle-Bone Inscriptions of Bronze Age China*(Berkeley: University of California Press, 1978), p.136. 周公之例則見加藤常賢，《中國古代文化の研究》（東京：二松學會大學出版部，一九八〇），頁五五—五六（三六六—三六七）。

從上引神話和考古資料看，我們得到的印象是：禮樂源於祭祀，而祭祀則從巫的宗教信仰中發展出來。因此我們也許可以說：早期的禮樂是和巫互為表裡的；禮樂是巫的表象，巫則是禮樂的內在動力。如果這一看法可以成立，那麼我在前面關於中國軸心突破與禮樂傳統的論斷便必須下一轉語：軸心突破表面上雖從禮樂的領域展開，但它眞正爭衡的對象卻是禮樂背後的整個巫文化。因此這裡有必要澄清一下禮樂與巫之間的異同與分合。

我們首先忍不住要問：在古代一般認識中，「巫」究竟是什麼樣的一種人？讓我們再聽聽楚大夫觀射父的描述：

> 民之精爽不攜貳者，而又能齊肅忠正，其智能上下比義，其聖能光遠宣朗，其明能光照之，其聰能聽徹之，如是則明神降之，在男曰覡，在女曰巫。[24]

這就是說：巫(覡)是「民」中精英，不但既「精爽」又虔敬，而且在「智」、「聖」、「明」、「聰」四方面都達到了最高的水平。只有具備了這些條件的「民」，不分男女，才可能獲得「明神降之」的榮寵。此文「明神降之」是巫的一大特色，指神降附在巫的身上。王逸註屈原《九

24　《國語・楚語下》。按：有關「巫」的古代記載，參見李零，〈先秦兩漢文字史料中的「巫」〉，此文分上、下兩篇，收入氏著，《中國方術續考》(北京：東方出版社，二〇〇〇)，頁四一—七九。

歌・東皇太一》「靈偃蹇兮姣服」句云：

靈謂巫也……。古者巫以降神，……神降而託於巫也。

即指此事。我相信這一描述出於巫集團自我塑造的公共形象，在古代當曾流傳甚廣，以致觀射父也信之不疑。不過從良渚的「男覡女巫脫離所在群體葬地，集中葬於祭壇」的情況看，則巫的地位遠高於一般的「民」，大概是可以肯定的。由此可知，巫在古代一般被認作是專門和神鬼交通的中介，而以神降於身爲最高境界。作爲巫的主要特徵，這也是後世所普遍接受的一種看法。古文《尚書・伊訓》中有「巫風」一詞，《僞孔傳》解之曰：

事鬼神爲巫。

又《公羊傳》隱公四年條何休注「鍾巫之祭」曰：

鍾者，地名也。巫者，事鬼神，禱解以治病請福者也。男曰覡，女曰巫。

這裡特別值得指出的是：何休竟將「巫」的功能擴大到「禱解以治病請福」。我要提醒一下，前引墨子論「禮」的緣起，上溯到「三代聖王……祭祀上帝鬼神，祈福於天」，而《說文解字》則解「禮」爲「事神致福」。這樣看來，何注事實上等於告訴我們：「巫」不僅具有獨特的「事鬼神」的法力，而且同時也是祭祀之禮的設計者和執行者。上面關於禮樂與巫互爲表裡的論斷在此獲得強有力的支持。

但是在長期的歷史進程中，巫和禮樂也一直在分途發展之中，因此越到後來便越不能混爲一談。周公「制禮作樂」是禮樂史上一個劃時代的大變動。概括地說，周初以下禮樂已從宗教—政治擴展到倫理—社會的領域。「天道」向「人道」方面移動，跡象昭然。淵源於巫文化的「天命」觀念也發生了極微妙的變化。其時「天視自我民視，天聽自我民聽」的新信仰已經流行；〈召誥〉也描述小民「以哀籲天」而「天亦哀于四方民」。這就是說，「民」和「天」雖沒有直接交通，然而「絕地天通」的禁令好像已大爲鬆動了。王朝如果要繼續保持「天命」不失，便不是僅僅依賴「祭祀上帝鬼神，祈福於天」所能奏功。由於「天」隨時隨地都在注視著「民」對於地上王朝的態度，以決定「天命」的延長或收回，因此統治者必須不斷做人事方面的努力，積累當時人所謂「德」（或「德行」），使「民」普遍感到滿意。周公鄭重叮嚀成王：「王其德之用，祈天永命」（〈召誥〉），便把這番意思清楚地表達了出來；周公「制禮作樂」的歷史意義正當於此求之。《左傳》文公十八年（西元前六〇九年）記魯季文子語：

先君周公制周禮曰：「則以觀德，德以處事，事以度功，功以食民。」

這是後人追記之言，當然不能看作周公的自述之詞。但季文子是周公的後代，其說必有來歷。現在姑且視之爲春秋時期人對於「周公制周禮」的理解。文中「則以觀德」的「則」字指「禮則」而言[25]，這和春秋時流行的「禮樂，德之則」（《左傳》，僖公二十七年，西元前六三三年，引趙衰語）觀念是相合的。概括起來，我們可以對這四句話解之如下：「禮」爲判斷「德」的標準，合乎「禮」的才是「德」。但「德」是行爲的原動力，因此開出一系列的「人事」活動，從「事」到「功」，最後歸宿於「食民」，也就是使天下的「民」都能過一種「不飢不寒」的生活。如果此解無大誤，則周禮是以「德」爲核心而建構的整體人間秩序，也可以稱之爲「禮」的秩序。「禮」在這裡已遠遠超出了「事神致福」的範圍，當然不能和「巫」等量齊觀。楊向奎論周公制禮一事，提出一個看法，認爲「周公對於禮的加工改造，在於以德行說禮」，這不失爲一個值得認眞考慮的歷史觀察[26]。

巫在長期發展中，它的功能、組織，以及技能（「藝」）也都趨向多元化與複雜化。如以《周禮・春官・宗伯》中與「巫」並別的「卜」、「祝」、「史」、「神仕」等職官爲例，它們都是從最廣義的「巫」分化而成的專業。孫詒讓注「大卜」說「大卜者，（中略）以卜筮爲問鬼神之事，故亦屬宗伯。」（《周禮正義》卷三十二）「大祝」據《周禮》原文云：「掌六祝之辭，以事

25 楊伯峻，《春秋左傳注》（台北：洪葉出版社，修訂本，一九九三），頁六三四。
26 見楊向奎，《宗周社會與禮樂文明》（北京：人民出版社，一九九二），頁三三三。關於周公制禮的討論，詳見本書第二及第六章。

鬼、神、示(祇)，祈福祥，求永貞。」(同上，卷四十九)「大史」，賈公彥疏云：「祭之日，執書以次位常是禮事及鬼神之事也。故列職於此也。」(《十三經注疏本》卷十七)可知三者都是「事鬼神」的分工[27]。

「神仕」一職更有作進一步說明的必要。《周禮．春官宗伯下》「神仕」條曰：

> 凡以神仕者，掌三辰之法，以猶鬼神，示之居，辨其名物。

鄭注云：

> 猶，圖也；居，謂坐也。天者，群神之精，日、月、星辰，其著位也。以此圖天神、人鬼、地祇之坐者，謂布祭眾寡與其居句。

可知鄭玄認爲「神仕」對神、鬼、祇的分布和位置高下等情況有親切的認識，因此才被任命去繪出它們在整個圖像中的坐位和次序。這又是「事鬼神」的一種分工。更可注意的是鄭注又引《國

27 李零指出：「中國古文獻中的『巫』是與『祝宗卜史』類似的神媒，合稱都叫『巫』。」我同意此說。見《中國方術續考》，頁四三。

語・楚語》中「民之精爽不攜二者……」一段（見前）爲證，斷言「神仕」即是「巫」。但《周禮・春官・序官》曰：

> 凡以神士者無數，以其藝爲之貴賤之等。

鄭注云：

> 以神士者，男巫之俊，有學問才知者。藝，謂禮、樂、射、御、書、數。高者爲上士，次之爲中士，又次之爲下士。

鄭玄在這裡完全接受了觀射父對於「巫」的描述，因此毫不遲疑地斷言「神士」是「男巫之俊，有學問才知者」。他顯然也假定「巫」是「民」中的精英；在這一假定下，他才解「藝」爲「六藝」。但在這一關鍵問題上，孫詒讓提出了重要的修正，他說：

> 按此藝，當謂技能，即指事神之事，不涉六藝也。〈文王世子〉云：「凡曲藝，皆誓之以待又語。三而有一焉，乃進其等以其序。」注云：「曲藝，爲小技能也。」〈王制〉以祝、史爲執技以事上者。此神仕爲巫，亦祝、史之類，故亦通謂之藝。（《周禮正

義》卷三十三）

孫氏引《周禮》兩處文本及注語爲證，十分有說服力，且「曲藝爲小技能」之注即出於鄭玄本人，可謂「以子之矛，攻子之盾」。這裡揭示了一項重要的歷史事實，即巫在長期演進中已發展出一套特殊「技能」[28]。可知巫和禮樂一樣，也經過了一個由簡趨繁的發展歷程。

上面我追溯了禮樂與巫的分別發展。但這僅僅是一種觀念上的分別，在實際運作中，禮樂與巫是根本無法分開的。原因很簡單：作爲「事神致福」的祭祀系統，禮樂自始便是巫的創造；它的設計與執行也一直操在巫師集團的手中。禮樂的領域後來雖然擴大了，但「事神致福」的祭祀系統仍然是它的核心部分。禮樂的宗教功能便托身於此。從這一角度看，禮樂與巫始終保持著一種互爲表裡的關係。《禮樂・樂祀》云：

> 大樂與天地同和，大禮與天地同節。和，故百物不失；節，故祀天祭地。明則有禮樂，幽則有鬼神。[29]

---

28 現在專家稱薩滿教的通神能力爲「技能」(techniques)，可資比較。參看 Mircea Eliade, *Shamanism: Archaic Techniques of Ecstasy* (Princeton: Princeton University Press, 2004).

29 見《十三經》注疏本（江西南昌，嘉慶二十年〔一八一五〕），《禮記》卷三七，頁一三下。

「明則有禮樂，幽則有鬼神」十個字將兩者的關係生動地呈現了出來。至於禮樂在軸心突破後的變化，後面還有機會涉及，暫止於此。

現在我們可以進一步討論巫文化與軸心突破之間的關係了。前面說過，中國軸心突破的眞正對象其實是禮樂背後的巫文化。爲了對這一重大問題作一簡明的交代，讓我從「天」「人」關係方面稍稍展示一下：巫文化怎樣在軸心突破後爲諸子的哲學思維所取代。以下我選擇三個密切相關的觀念作爲論證的重點。

第一，關於「天」的觀念。軸心突破以前的「天」通指神鬼世界，即墨子所謂「祭祀上帝鬼神，而祈福於天」之「天」。但更具體一點說，「天」則指天上的「帝廷」。據商代卜辭，天上有「帝」或「上帝」，「常常發號施令，與王一樣。上帝或帝不但施號令於人間，並且他自有朝廷，有使、臣之類供奔走者」[30]。不僅此也，先王先公死後往往上至「天」廷，「賓」於上帝。這一信仰也成爲「周因於殷禮」的一個組成部分，所以，《詩・大雅・文王》說：「文王陟降，在帝左右」；西周晚期金文也有「先王其嚴，才(在)帝左右」之語[31]。

但是軸心突破以後，當時新興的諸學派建構了(也可以說「發現了」)一個截然不同的「天」。這是前所未有的一個超越的精神領域，各派都稱之爲「道」。由於「道」的終極源頭仍

30 陳夢家，《殷墟卜辭綜述》(北京：科學出版社，一九五六)，頁五七二。

31 陳夢家，《殷墟卜辭綜述》，頁五八〇。

然是「天」，所以後來董仲舒有「道之大原出於天」的名言，雖然它與「上帝」在「帝廷」上發號施令的「天」未可同日而語。《孟子・公孫丑上》論「浩然之氣」有云：

> 其爲氣也，配義與道。

《莊子・人間世》曰：

> 氣也者，虛而待物者也。唯道集虛。

《管子・內業》曰：

> 心靜氣理，道乃可止。（舊注：「若靜心，則氣自調，道乃可止。」）

又曰：

> 精也者，氣之精者也。氣道乃生。（舊注：「氣得道，能有生。」）

儘管分析起來，上引三家對「氣」的看法並不相同，但專就「氣」與「道」之間的關係而言，他們在大方向是一致的，即「氣」不離「道」，「道」也不離「氣」。因此這裡不能不提及孟、莊時代的氣化宇宙論。

在西元前四世紀，宇宙(即當時常用的「天地萬物」)被看成是由「氣」所構成。「氣」本來是渾然一體的生命力，永遠在不停的運動中(亦可稱「元氣」)。當此「元氣」由整體趨向分殊，進入個體化的狀態時，天、地、人、萬物便形成了。這便是莊子所說的「人之生，氣之聚也。聚則爲生，散則爲死」(〈知北遊〉)。其實宇宙萬有無不如此，不僅「人」而已。因此《管子・樞言》「有氣則生，無氣則死，生者以其氣」一語恰可補足此普遍原則。但「氣」在分化之後，有從「清」到「濁」各種程度的差異：「清陽者薄靡而爲天，重濁者凝滯而爲地」(《淮南子・天文訓》)。人居天、地之間，故其心由清氣構成，身則由濁氣構成，如「浩然之氣」即是一種最清純的「氣」[32]。

概括地說，氣化宇宙論一方面將天、地、人、萬物看作一大生命整體，另一方面則深信這一「氣」的宇宙是在「道」的涵蓋之下。前面提到「道」、「氣」不相離的原則，這裡應該作一較

32 關於氣化宇宙論，劉殿爵《孟子》英譯「導論」有簡要的說明，見 *Mencius*, Translated with an Introduction by D.C. Lau(New York: Penguin, 1999), "Introduction", pp. 24-25. 較詳細的討論可看小野澤精一、福永光司、山井湧編，《気の思想—中国における自然観と人間観の展開》(東京：東京大學出版會，一九七八)，第一部第二章〈戰國諸子における気〉，頁三〇—一二五。

具體解說。「道」不離「氣」，不證自明。因為此處所說的「道」即指「氣」所構成的宇宙之「道」，離開了「氣」則「道」無掛搭處。「氣」不離「道」，依《管子・內業》篇，可以有兩說：其一曰：

冥冥乎不見其形，淫淫乎與我俱生。〔視之〕不見其形，〔聽之〕不聞其聲，而序其成，謂之道。（舊注：雖無形聲，常依序而成，故謂之道也。）

這似是說，天、地、人萬物雖同為「氣」所生，但它們的生成同時也呈現出一種秩序，這是「道」的獨特創造。依此解，則「道」可以說是價值之源。〈內業〉另一條說：

凡道，無根無莖，無葉無榮，萬物以生，萬物以成，命之曰道。

這似是說，「道」雖不能直接生成天地萬物，但天地萬物之所以生、所以成，最後卻必須歸功於「道」。依此解，則「道」竟成為整個氣化宇宙的原始動力[33]。〈內業〉篇兩說並不互相排斥，

33 按：《老子》第四十二章：「道生一，一生二，二生三，三生萬物。萬物負陰而抱陽，沖氣以為和。」這段話中的「道」可以和〈內業〉篇第二說互相參證。但這裡涉及的問題很複雜，討論唯有從略。

可以並存，同指向一個道—氣合一的超越領域，這便是軸心突破後的「天」。

從比較文化史的角度看，經歷了軸心突破的古文明最後出現一個超越的精神領域，是相當普遍的現象。上篇引過雅斯培的觀察，他說：哲學家初次出現，敢於靠個人的力量「證明自己能夠在內心中與整個宇宙相照映。他從自己生命中發現了可以將自我提升到超乎個體和世界之上的內在根源」。這裡說的便是超越的精神領域。但他接著更指出，由於歷史和文化背景各異，每一軸心文明所開闢的精神領域也各具特色，如柏拉圖的「理型」（“idea”）、印度教的「眞我」（“atman”）、佛教的「涅槃」（“nirvana”）、中國的「道」（“tao”）、以色列的「上帝意志」（“the will of God”）等等。最後他說：「就信念和教義而言，這些道路分歧很大，但它們的共同之處在於使人超越小我而進入『己達達人』的境界。這是由於人越來越意識到自己是處於『存有的全體（“the whole of Being”）』之中，也意識到只能靠個人的自力走這條路。」[34]

雅斯培斷言「道」是中國軸心突破後的超越精神領域，並把它和其他古文明所開闢的相同領域並列，充分顯示出他識力之超卓。他指出不同文明的超越領域有其共同之處，也是經過深思熟慮而獲致的論斷，同樣可以在中國軸心突破的歷程中得到印證。《孟子．盡心上》曰：

> 萬物皆備於我矣。

34　見 Jaspers, *The Origin and Goal of History*, p. 4.

又曰：

> 夫君子所過者化，所存者神，上下與天地同流。

《莊子・齊物論》曰：

> 天地與我並存，而萬物與我爲一。

又〈天下〉篇引惠施語曰：

> 泛愛萬物，天地一體也。

這三家分別代表了西元前四世紀最重要的思想流派，講的同是關於自己和「天、地、萬物」的關係。他們的實質思想完全不同，但在強調人和「天、地、萬物」本爲「一體」這一點上，卻是一致的。(詳見本書第六章)雅斯培說，軸心突破後的「哲學家」一方面「證明自己能夠在內心中與整個宇宙相照映」，另一方面則「意識到自己是處於『存有的全體』之中」。上引孟、莊、惠三家之說恰好爲他的觀察提供了實例。

第二，關於「天命」。「天命」是巫文化中一個最重要的觀念，巫在上古精神領域中之所以取得長期的霸權和這一觀念有很大的關係。前面論及「絕地天通」神話時已指出，它可以被看作是遠古宗教、政治發展史上的一種殘餘記憶，折射出地上人王（無論規模大或小）通過巫師的中介，壟斷了與「帝」或「天」的交通。根據巫的說法，「帝」或「天」接受人王的祭祀，承認他的王朝統治的合法性，這就表示他的王朝獲得了「天命」。上面所引西元前第三千年中期良渚文化的例子，使我們更有理由相信，巫的「天命」意識萌芽得很早，雖然「天命」這名詞出現得較晚。（大致以在殷周之際或周初爲較可信。）但是這裡必須著重地指出：地上人王與「帝」或「天」的交通是從集體本位出發的；他代表的不僅是整個王朝，而且是所有治下之「民」。因此「天命」也必然屬於集體的性質，不是「帝」或「天」給人王個人的賞賜。

軸心突破以後，「天命」的性質發生了根本的變化，從集體本位擴展到個人本位。考慮到「天」的涵義一直在變動中，而初次出現在歷史舞台上的「哲學家」（或「思想家」）又堅持靠個人的力量去追尋對宇宙的理解，則「天命」的個人化毋寧是一個順理成章的發展。孔子自稱「五十而知天命」（《論語・爲政》），又說：「知我者其天乎！」（同上〈憲問〉）這是明白表示他曾以個人的身分與「天」有過交往。不用說，他「五十而知」的也是他個人所獨得的「天命」，與以前周王朝的集體「天命」毫無共同之處。我完全同意劉殿爵（一九二一—二〇一〇）在《論語》英譯本「導論」中的觀察：

> 在孔子時代的唯一發展是「天命」不再限於人王所有。每一個人都受到「天命」的約束，「天命」要人有道德，人也有責任達到「天命」的要求。[35]

不僅孔子與儒家如此，其他學派也同樣認爲個人可以和「天」直接交通。如墨子從「兼愛」觀點肯定「天」愛一切百姓，論據是：「百姓」人人都祭「天」，而「天」也接受人人之祭。（見《墨子閒詁》卷七〈天志上〉）莊子則自稱「與天爲徒」，並說：「與天爲徒者，知天子之與己，皆天之所子。」（《莊子．人間世》）這句話不但在中國政治思想史上是石破天驚之論[36]，而且在「天」「人」關係方面也具有劃時代的涵義。父子之間是純個人的關係，彼此必然直接交通，自不在話下。所以莊子之說將「天」「人」關係推到了個人化的極致。不但如此，人人都是「天之所子」，則地上人王獨稱「天子」並壟斷與「天」的關係便完全失去了根據，而最初巫師所建構的「天命」系統也不得不隨之崩解了。

日本學人小野澤精一（一九一九—一九八一）根據金文和《孟子》、《管子》中有關「心」、「德」、「氣」等概念的分析，對於「天命」觀念的變化提出了下面的觀察：

---

35 見D.C. Lau, trans., *Confucius: the Analects* (New York: Penguin, 1999), "Introduction," p. 28. 又狄百瑞也特別注意到孔子的「天命」與以前王朝的「天命」截然不同。見 Wm. Theodore de Bary, *The Trouble with Confucianism* (Cambridge Mass.: Harvard University Press, 1991), pp. 3-4.

36 見我的《朱熹的歷史世界》（台北：允晨出版公司，二〇〇三），上冊，頁二三八—二四一。

即使處於那種天命信仰的氛圍中，心被當作受入側的主體加以確立，也是一種劃時代的情況。因此可以說，提出「心」和「德」，就金文來看，立場也是前進了。但是，必須說，天命威嚴，在體制中的心本身的自立性，還是缺乏的。那種古代咒術的狀況（按：指巫術），作爲前提只存在於周代，到了孔丘時，儘管同樣是天命信仰，但可以看到從支持王朝政治，天降之物（按：即指「天命」）向個人方面作爲宿於心中之物（按：指「德」）的轉換。[37]

小野澤的史料基礎完全不同，但所見「天命」動向則和上面的討論若合符節，即「從支撐王朝政治」轉「向個人方面作爲宿於心中之物」。可知軸心突破後「天」「人」關係的個人化是一項顛撲不破的歷史事實。至於「天命」如何成爲個人的「心中之物」，待下文分解。

第三，關於巫在「天」「人」之間的中介功能。溝通「天」「人」是巫文化的精要所在；巫師之所以能取得人王的信仰而創建一套祭祀系統（「禮」的最早形式）便是因爲他獨具此一中介的神通。因此早期的巫在王朝政治中往往占有重要的地位。如果我們記得前引楚大夫觀射父的話，巫是從「民」的精英中特選出來的，以及鄭玄注《周禮》中「神士」云：「男巫之俊，有學問才

37 見小野澤精一，〈齊魯の学における気の概念〉，收在前引《気の思想》，頁六四。譯文見李慶譯，《氣的思想》（上海：上海人民出版社，一九九〇），頁六〇。譯文略有調整。

智者」，我們便不會因爲巫在戰國以後的地位低落而誤會它在軸心突破之前即已如此。最顯著的例證是商代巫咸和巫賢(舊說爲父子)，分別在大戊和祖乙時期有過「復興」的大功[38]。殷代卜辭中有「賓於帝」之「咸」，即是「咸戊」，羅振玉、王國維斷定爲《尚書・君奭》之「巫咸」，今已得到多數古史家的承認[39]。此外我認爲周初著名的史佚也有巫的嫌疑。《尚書・洛誥》記：

> 戊辰，王（按：成王）在新邑（按：洛邑）……命作冊逸，祝冊惟告周公其後……。

孔穎達疏曰：

> 王命有司作策書。乃使史官名逸者祝讀此策，惟告文武之神，言周公有功，宜立其后爲國君也。（《十三經注疏》本卷十五，頁二十八上）

王國維〈殷周制度論〉首先斷定「作冊逸」即是史佚。(見《觀堂集林》卷十)後來傳斯年也肯定

---

38 詳見詳見狩野直喜，〈支那上代の巫、巫咸に就いて〉，收在他的《支那学文藪》(京都：弘文堂書店，一九二七)，頁二三—三九。又可參考他的〈說巫補遺〉和〈續說巫補遺〉兩文，收入《支那学文藪》，頁四〇—五七、五八—七七。

39 見陳夢家，《殷墟卜辭綜述》，頁三六五及五七三。並可參看李零，《中國方術續考》，頁五一—五二。

他是〈洛誥〉中之「作冊逸」，並強調後人特別推重他「識興亡禍福之道」等[40]。但從孔穎達疏「乃使史官名逸者祝讀此策，惟告文武之神……」一語來看，則史佚之所謂「史」必屬巫之一類，也就是「事鬼神」的一種分工。（參看上文論《周禮》「大史」條所引賈公彥疏。）

上引諸例使我相信殷、周兩代巫中的傑出人物曾在政治上發揮過重要的作用。甚至遲至西周晚期，還有下面這個有趣的例子。《國語・周語上》：

> 厲王（西元前八七八—八四一）虐，國人謗王，召公告王曰：「民不堪命矣！」王怒，得衛巫使監謗者。（韋昭注：衛巫，衛國之巫也；監，察也。以巫有神靈，有謗必知之。）

這雖是一個負面的例子，但可以旁證巫與王朝政治之間實存在著關聯，並且建立在巫的中介功能的基礎之上。

但軸心突破以後，巫的中介功能則在新興的系統性思維中被徹頭徹尾地否定了。《莊子・應帝王》虛構了一個故事，生動地描寫列子之師——壺子——怎樣運用他從「治氣養心」得來的精神力量將「神巫」季咸與鬼神交通中煉成的神通徹底擊潰，以致後者最後不得不「自失而

40　見傅斯年，《性命古訓辨證》（《傅斯年全集》本，台北：聯經出版公司，一九八〇，第二冊），頁三〇三。傅氏又斷言：「大宗祝史，即殷周時代之智識階級」，乃當時「助治者」。（同上，頁三一八）其說至確。

走」。這個故事在後世變成了「小巫見大巫」的典據[41]，但其實是莊子要借它來傳達「道」克服了「巫」的信息，因爲列子是道家先哲，他的老師壺子（或即壺邱子林）應當也是一位早期的道家[42]。

先秦各家都是靠自己思維之力而貫通「天」、「人」，巫的中介功能在這一全新的思想世界中完全沒有存在的空間。諸子的系統性思維取代了巫的地位，成爲精神領域中的主流，這是中國軸心突破的一個最顯著的特色。然而這一取代的歷史過程是十分複雜和曲折的，下面將作更深一層清理以終結此篇。

先秦諸學派的「道」，如上文所示，是在和巫文化長期互動中發展出來的，最終並取代了巫師所崇信的「天」——一個有「上帝」發號施令的「天」廷。但這裡引出一個新論題：互動必然涵蘊互相影響，那麼巫文化對於以「道」爲中心的思維世界的形成究竟發生過什麼樣的影響呢？這些影響又是通過何種具體方式呈現出來的呢？在本書研究的基礎之上，下面我將對這一新論題試作一簡要的解說。限於篇幅，我的討論只能集中在其中兩個方面：第一是關於宗教精神的轉換，第二是關於思維結構和思想模式的推陳出新。

關於第一方面的討論，重點主要在孔子和儒家。軸心突破後中國宗教精神首先在孔子手中發

41 見李零，《中國方術續考》，頁六一。
42 參看錢穆，《先秦諸子繫年》，收入《錢賓四先生全集》（台北：聯經出版公司，一九九八），頁二〇三—二〇六。

生了一次關鍵性的轉折。這必須回到「天命」的觀念。前面已指出，由於孔子開闢了「天命」個人化的新局，巫在「天」「人」之間的中介作用已失去存在的根據，而巫文化中的宗教系統也開始動搖了。但是換一個觀察的角度，我們所看到的則是另一種景象：孔子將巫的「天命」觀念接收了過來而發展出自己的宗教信念。傅斯年曾將《論語》中直接或間接涉及「天命」的文句收集在一處，加以比較，他說：

> 特孔子所信之天命仍偏於宗教之成分為多。[43]

這是一個堅實可信的結論。不過我要補充一句，此所謂的「宗教」是從巫文化中輾轉延續下來的。我們只要記住孔子出身於禮樂傳統的基本事實，對於這一延續性便絲毫不會感到驚異了。但宗教在孔子和儒家思想中所表現的獨特型態是什麼？讓我們從這裡展開討論。

胡適在〈說儒〉長文中提出一個有趣的假說。他說，在殷亡之後，殷遺民中曾流傳著一個預言(或「懸記」)：將有一位「王者」起來，完成殷的「中興」大業；「五百年必有王者興」(《孟子・公孫丑下》)便將這一預言具體地表達了出來。但到了孔子時代，預言中的「王者」已變作救世的「聖人」，而孔子則被視為這一應運而生的「聖人」。魯國貴族孟僖子將死前召其大

43 《性命古訓辯證》，頁二三六—二三八。並可參看同書，頁三二八—三三一。

夫曰：

吾聞將有達人，曰孔丘，聖人之後也……臧孫紇有言：「聖人有明德者，若不當世，其後必有達人。」今其將在孔丘乎？（《左傳》昭公七年條）

孟僖子死時（魯昭公二十四年，西元前五一八），孔子才三十四歲，而當時傳言已把他看作是「一位將興的達者或聖人」了。胡適的假說便以這個故事爲始點。爲了支持此一假說，他幾乎窮盡無遺地搜集了關於孔子「受命於天」的記載，包括孔子的自述、同時代人的評論，以及弟子和後代儒家（如孟子）的贊歎等[44]。

胡適的「預言」說在〈說儒〉中並未能充分地建立起來，但他所搜集的證據卻使我們清楚地看到：孔子對於自己「受命於天」確是深信不疑的。在這一論斷的基礎上，我們可以進一步討論孔子宗教取向的特色了。

與軸心突破前的「天命」不同，孔子的「天命」並不涉及王朝的興亡。據他的解讀，「天」給他個人的「命」是要他承擔起精神世界的領導大任。試讀下面這一段話：

44 見《胡適全集》第四卷（合肥：安徽教育出版社，二〇〇三），頁四四—五六。

子畏於匡，曰：「文王既沒，文不在茲乎？天之將喪斯文也，後死者不得與於斯文也；天之未喪斯文也，匡人其如予何？」（《論語・子罕》）

據《史記・孔子世家》，孔子過匡，匡人以「孔子狀類陽虎，拘焉五日」。他的弟子怕他或將遇難，因此他才說出這幾句話來，表達了他對於「天命」的絕大信心。孔安國解「文不在茲」云：

茲，此也。言文王雖已沒，其文見在此。此，自謂其身也。（《史記・孔子世家》，裴駰《集解》引）

這是說：孔子毫不客氣地坦承已將文王的「文」收到了自己的身上。馬融解「匡人其如予何」則曰：

「如予何」猶言「奈我何」也。天未喪此文，則我當傳之。匡人欲奈我何！言不能違天以害己。（《史記・孔子世家》，裴駰《集解》引）

這表示他自信「天命」在身，沒有人能傷害到他。這一自信又在另一處得到有力的印證。《論語・述而》：

子曰：「天生德於予，桓魋其如予何？」

《史記．孔子世家》提供了此語的語境如下：

孔子去曹適宋，與弟子習禮大樹下。宋司馬桓魋欲殺孔子，拔其樹。孔子去。弟子曰：「可以速矣。」孔子曰：「天生德於予，桓魋其如予何？」

這兩處的記載先後如出一轍，孔子的反應也一模一樣，而且同以「其如予何」四字結尾，這絕不是偶然的。

《論語》又記子路為季氏宰而「公伯寮愬子路於季孫」，孔子了解到這一情況後，說：

道之將行也與？命也；道之將廢也與？命也；公伯寮其如命何！（〈憲問〉）

這兩句話和前引「天之將喪斯文」云云不但辭氣一致而且涵義也相通，因為「文」即「道」的載體，兩者是分不開的。馬融解「斯文」的原義，說：「天未喪此文，則我當傳之」；事實上其中「文」字也可以「道」字代之。所以分析到最後，孔子的「天命」非他，傳「道」於天下是也。他也毅然以此自任，故曰：

> 鳥獸不可與同群，吾非斯人之徒與而誰與？天下有道，丘不與易也。（〈微子〉）

這就是說，他對「天」的最高承諾是變「天下無道」爲「天下有道」。同時代的人也正如此期待於他的，故儀封人說：

> 天下之無道也久矣，天將以夫子爲木鐸。（〈八佾〉）

以上我大致說明了孔子怎樣將淵源於巫文化的「天命」概念加以改造，賦予它以全新的內容。接著讓我對孔子的「天」也表示一下個人看法。前面已分析過，巫文化的「天」是鬼神世界，其中有一人格神的「上帝」，主宰一切。孔子心目中的「天」是不是一仍舊貫呢？由於《論語》中孔子自己提到「天」字的地方不多，又都很簡短，因此這個問題很難獲致確定不移的答案[45]。以往中外學人關於此事曾提出種種不同的意見，有人（馮友蘭）以爲孔子的「天」是「有意志之上帝」，也有人如狄百瑞（Wm. Theodore de Bary）以爲指「宇宙最高的道德秩序」（"the supreme moral order in the universe"）。我在第五章已有所討論，限於篇幅，此處從略。現在我要從鬼神的角度切入，試作一較爲具體的觀察。孔子對祭祀的態度是：

45 參看楊伯峻〈試論孔子〉，收在《論語譯注》，第三版（北京：中華書局，二〇〇九），頁一〇。

祭如在，祭神如神在。子曰：「吾不與祭，如不祭。」（〈八佾〉）

這個態度一方面顯示出他對祭祀的誠摯和嚴肅，但另一方面「如在」兩字也表明他對於神是否眞來享祭，並不敢斷定。其次是他對於鬼神的態度：

樊遲問知。子曰：「務民之義，敬鬼神而遠之。」（〈雍也〉）

「敬鬼神」是以嚴肅的態度對待鬼神，仍與祭祀同，但「遠之」則是告誡弟子不要爲了祈福之故而過分求與鬼神接近。（後世儒家主張嚴禁「淫祀」似即導源於此。）尤其值得注意的是，「敬鬼神而遠之」一語是特別用來和上半句「務民之義」作對比的，孔子重人遠過於鬼神的傾向在此顯露無遺。這便和他與子路的一番著名問答緊密地聯繫起來了。〈先進〉篇載：

季路問事鬼神。子曰：「未能事人，焉能事鬼？」曰：「敢問死。」曰：「未知生，焉知死。」

綜合以上相關的論述，孔子對於鬼神或死後世界基本上採取了不可知論(agnosticism)的立場，這一點絕無可疑。他顯然沒有過任何與鬼神相接的宗教經驗，但也不是墨子所攻擊的「無鬼論」

者。孔子對於鬼神的具體認識如此，我們很難想像他會信仰一個人格神的「天」或「帝」。所以我傾向於相信孔子的「天」已與巫文化的「天」不同；其主要不同之處即在前者不復具有人格神的性質。前面曾指出，軸心突破以後，各新興學派逐漸發展出一種道、氣相合的宇宙論，把「天」看作生命之源與價值之源。但這是孟子、莊子時代的事。孔子處在軸心突破的初期，巫文化的影響仍大，還不能一躍而至此境。不過他排除人格神的觀念於「天」之外，卻可以看作是為新宇宙論的建構踏出了第一步。我的假定是：他心目中的「天」很可能像超越於宇宙萬有之上的一種精神力量，他所念茲在茲的「道」也從此中生出，然而它並不具備人格神的形象。有人把它看成「有意志之上帝」也是可以理解的，因為它在功能上與之甚為相似。換句話說，和「天命」一樣，孔子也將巫文化中「天」的概念接收了過來，而賦之以新的涵義。我為什麼要設立這一假定呢？因為否則前面所引他有關「天」與「天命」的種種情感表述便無從索解了。

分析至此，讓我試對孔子的獨特宗教取向下一簡要的結語：孔子對於「天」和「天命」抱著深摯的信仰，但卻不把「天」當作人格神來看待。由於後世儒家繼承了這一取向並不斷有新的發展，它終於構成儒家的宗教內核；我們通常所謂儒學的「宗教性」(religiosity)或「宗教向度」(“religious dimension”)即指此而言。也許有人會疑問：人格神的「天」(或「上帝」)既非孔子的信仰所在，他對於「天」和「天命」所顯露出來的深摯宗教情感又從何而來呢？其實這一疑問起於西方過去對宗教與非宗教的劃界過於粗疏，以為只有信仰「人格化上帝」(“personal God”)才算「宗教」。現在有人指出，今天無數不信「人格化上帝」的人都說他們的「宗教信仰」的深度絕不在一般教徒之下。因爲他們深信宇宙中有一股「力量」比我們「偉大」得多，使我們不能不興崇敬的宗教情感。最著名的例子則是愛因斯坦。他相信宇宙不僅僅是由一套基本物理規律組織起來的；另外還有一個超越而又客觀的價值遍布於宇宙之中，但並不是人格化的上帝。他說，對於這一超越價值的信仰使他可以加入「虔敬宗教人」（"devoutly religious men"）的行列而毫無愧色[46]。在這一現代情形對照之下，孔子不信「天」是人格神卻仍自信「天命」在身，承擔著傳「道」人間的重任，便絲毫不足詫異了。

我之所以特意揭示孔子的獨特宗教取向，是因爲他的傳「道」使命感的源頭在此。通過先秦儒家的傳承，這一使命感最後傳布到後世「士」階層之中。《論語．泰伯》記曾子曰：

> 士不可以不弘毅，任重而道遠。仁以爲己任，不亦重乎？死而後已，不亦遠乎？

這是曾參決心傳「道」的證詞。孟子自承「所願則學孔子」（〈公孫丑上〉），在使命感這一點上，他更是學得十分到家。他說：

---

46 見 Ronald Dworkin, "Religion Without God," *The New York Review of Books*, vol. LX, no. 6, April 4, 2013, pp. 67-74. 按：這是 Dworkin 的遺作，*Religion Without God* 第一章中的一部分。全書由哈佛大學出版社於二〇一三年刊行。

> 夫天未欲平治天下也；如欲平治天下，當今之世，舍我其誰也？（〈公孫丑下〉）

這明明是「文王既沒，文不在茲乎」和「天下有道，丘不與易」的精神之重現。至於「天將降大任於是人」云云（〈告子下〉），則盡人皆知，不必徵引了。此下兩千多年間，「士」在危機關頭往往表現出一種承擔意識，而此意識的後面則必有「天」的信仰爲之支撐。驗之往史，歷歷不爽。但是我們也必須記住，「士」的使命感雖源於孔子獨特的宗教傾向，而孔子的「天命」觀念最初卻是從巫文化轉手得來的。

從比較文化史的角度看，孔子和儒家爲「天」傳「道」的使命感展現出高度的「先知」（"prophet"）風格。狄百瑞指出：孔子所倡導的「君子」爲「先知」之一型，而表現了以下特色：

> 「道」作爲一項超越價值由個人直接認知。「天何言哉！」但君子見「道」則爲「天」之見證；君子的使命感即是「天」降的大任；對於統治者必須時予警告，以免他們違逆「天命」，招致自身的毀滅。[47]

---

47 見Wm. Theodore, *The Trouble with Confucianism*, pp. 11-12. 按：關於古代宗教中的「先知」問題，韋伯曾有詳細的分析，但是他把孔子劃歸「倫理教師」（"teachers of ethics"）一類，而非「先知」。這大概是因爲他對孔子爲「天」傳「道」的使命感一面，未能給予足夠的注意。見Max Weber, *Economy and Society*, vol. I, pp. 439-441; 444-446.

狄氏這一段概括，簡明扼要，將孔子和儒家宗教精神的基本動向指點了出來。關於孔子在軸心突破方面的貢獻，以往我們的認識一直偏重在哲學或思想方面。現在我們看到，他在宗教方面推陳出新的成就至少是同樣值得深入探索的。

最後讓我以思維結構與思維模式爲主線，試說巫文化和軸心突破之間的互動關係。我爲什麼選擇這一特殊角度作切入點呢？理由很簡單，如前所示，軸心突破後先秦新興諸學派都各自創建了一套言之成理、持之有故的系統學說。而且他們所尋求的「道」雖各有特色，但在大方向與終極目標方面，卻殊途而同歸。一言以蔽之，他們都致力於推倒巫文化在精神領域的長期宰制並各以其「道」取而代之。因此就思想的實質內容而言，巫文化與軸心突破後以「道」爲中心的思維世界無往而不枘鑿，彼此間極少交流與商榷的餘地。但思維結構與思想模式則是方法論層次的事，和思想內容可以完全分開。在這一層次上，巫文化的結構與模式在軸心突破後的思想及文化史上仍有一脈相承之處；不過此謂「相承」並不是直接的，而是經過了移形換位的種種曲折，最後才達到推陳出新的境地。下面我將根據歷史實例來說明此一論點。

軸心突破的一個最顯著的標誌是超越世界的出現；它和現實世界形成了鮮明的對比。雅斯培在他的歷史理論中將「超越」（"transcendence"）這一觀念放在很中心的位置上。他繼承了西方柏拉圖以來關於永恆不變的超越世界與變動不居的現象世界的兩分說，而且也吸收了佛教「此世」

與「彼世」的分別[48]。把「超越」的觀念應用在比較文化史的研究上，他斷定每一經過了軸心突破的古文明都創建了一個獨特的超越世界。因此，如前面已指出的，柏拉圖的「理型」、印度教的「眞我」、佛教的「涅槃」、以色列的「上帝意志」和中國的「道」，在他看來，便恰好成爲不同文明的「超越」的具體表現了。但由於他對中國思想史所知有限，因此關於「道」的「超越」究竟屬於何種性質，無一字論及。這卻是本書必須面對的大問題。

由於歷史與文化背景的差異，每一古文明與軸心突破過程中所體現的「超越」都不相同，這一點今天在相關的研究者之間已取得高度的共識。從這一共識出發，本書的另一大綱領即在探求中國「超越」的文化特性及其解讀之道。但這一探求必須置於比較文化史的架構之下才能有效地展開，僅就中國軸心突破的歷程作孤立的觀察是無濟於事的。以西方的「超越」爲參照系，本書最後提出「內向超越」作爲中國特性的一個基本概括(詳見第七章)。由於內向超越與巫文化的背景有深度的關聯，對此作進一步的澄清可以幫助我們理解思想結構與思想模式的問題。

首先我要指出，中國的軸心突破之所以歸宿於內向超越正是由於它完全針對著巫文化而發。讓我舉兩個實例來說明我的意思。第一，前面論「天命」從集體本位向個人本位的轉換可以看作是內向超越的醞釀和萌動階段。巫的「天命」是「天」（或「帝」）作爲人格神而發出的「命」或

48 參看 Ingolf U. Dalferth, *"The Idea of Transcendence,"* in Robert N. Bellah and Hans Joas, eds., *The Axial Age and Its consequences*(Cambridge Mass.: The Belknap Press of Harvard University Press, 2012), pp. 146-147.

「令」，而且必須通過巫師的中介才能傳達到地上王朝，這樣的「天命」是徹頭徹尾外在於「人」的。（這裡的「人」指統治王朝的集體，而非個人。）對照之下，從孔子開始的個人本位的「天命」已擺脫了人格神的糾纏。前面曾論及，孔子的「天」很可能像宇宙中一種超越的精神力量，在功能上或有近似人格神之處，然而並不具備人格神的形象。他直接以「個人」的身分與「天」打交道，根本不給巫師的中介留下任何空間。他說：「吾……五十而知天命」（〈爲政〉），又說：「知我者，其天乎？」（〈憲問〉）這兩句話，至少就他個人一方面而言，表示他和「天」之間的交往主要是通過內心的活動（「知」）。這裡我願意用前引小野澤精一的一句話作結：「到了孔子時，儘管同樣是天命信仰，但可以看到從支持王朝政治，天降之物向個人方面作爲宿於心中之物的轉換。」

第二，孔子對「禮」重新予以哲學的闡釋，標誌著內向超越的發端。「禮」最早作爲一種初民宗教是巫師所創建的：巫師則以「天」與人王之間的中介，主持祭祀上帝鬼神，以求福於「天」。可見「禮」對於人而言，完全是外鑠的。下至孔子出生的前夕，「禮」的觀念已演進到很高的階段，但其外鑠的性質仍未大變。《左傳》文公十五年（西元前六一二）季文子說：

> 禮以順天，天之道也。

這在宗教史上即是著名的「禮儀的神聖範式」(“Divine Models of Rituals”)說[49]。這是以「禮」由模仿「天道」而來，非人性所本有。我們只要引孟子下面這句話作一對比，情形便完全清楚了：

> 仁義禮智，非由外鑠我也，我固有之也，弗思耳矣。(〈告子上〉)

毫無問題，季文子的外向超越之「禮」，在孟子手上已一變而爲內向超越了。何以有此天翻地覆的大變化？關鍵即在孔子以「仁」爲「禮之本」。孟子說：「仁，人心也。」(〈告子上〉)孔子尋找「禮」之本，不走巫文化外求之「天」的老路，而另闢內求於「心」的新途，就此點說，他確是爲中國軸心突破揭開序幕的第一位哲人[50]。

以上兩例說明，中國軸心突破的直接對象是巫文化對於「天命」和「禮」的壟斷。孔子將「天命」與「禮」兩大觀念都同時收進個人「心」中而予以推陳出新的理解，他的針對性是十分明顯的。

爲了以下討論的需要，這裡必須對內向超越的概念另作一點交代。孔子雖揭開了內向超越的序幕，但它的全面展開則在孔子身後。上面曾論證過，西元前四世紀，即孟子、莊子的時代，出

---

49 見 Mircea Eliade, *The Myth of the Eternal Return* (Princeton: Princeton University Press, 1974), pp. 21-27.

50 詳見本書第二章。但孔子的出現也不是偶然的。從西元前七世紀中葉起，一個以「修德」爲中心的精神內向運動已在卿大夫之間悄然興起。見本書第七章〈「修德」——春秋時期的精神內向運動〉一節。

現了一個相當普遍的新信仰：在整個宇宙(所謂「天地萬物」)的背後存在一個超越的精神領域及其動力，當時各派都名之曰：「道」。這個以「道」爲主軸的「天」取代了以前巫文化的「天」，而爲很多思想家所認同(見本文頁三三—三七)。自此之後，內向超越的進程便越來越順暢了。爲什麼呢?因爲這一劃時代的軸心突破帶來了兩個重要的發展：其一，哲學家(或思想家)依靠個人的自力與「天」相通——即雅斯培所謂「在內心中與整個宇宙相照映」，而不假任何外在的媒介(如巫)，最後則只有乞援於一己之「心」。中國的「心學」即濫觴於此。其二，「道」上源於「天」，但因「道不遠人」(《中庸》)，且「無所不在」(《莊子．知北遊》)，因此「道」又下通人「心」而「止」於其中(見後)。這樣一來，求「道」者惟有先回向自己的內「心」，然後才可能由「道」的接引而上通於「天」。

劉殿爵論「天命」與「人性」在孟子思想中的合一，提出了一個有趣的觀察。他說：

> 如此一來，孟子已打破了天人之隔以及天命與人性之間的藩籬。由人心深處有一祕道可以上通於天，而所屬於天者已非外在於人，反而變成是屬於人的最眞實的本性了。[51]

51 D.C. Lau, trans., "Introduction" to *Mencius* (Harmondsworth: Penguin, 1970), p. 28. 中譯引自胡應章譯，〈英譯《孟子》導論〉，收入：《採掇英華》編輯委員會編，《採掇英華——劉殿爵教授論著中譯集》(香港：香港中文大學出版社，二〇〇四)，頁一〇九。

「人心深處有一祕道可以上通於天」是一種形象化的語言，但恰好將內向超越的運作方式生動地描繪了出來。這在《孟子》文本中便可以得到明確的印證。《孟子・盡心上》：

盡其心者，知其性也；知其性，則知天矣。存其心，養其性，所以事天也。

在此章中，孟子先講如何「知天」，屬於認識論方面的事，但他的程序竟是先「盡心」以「知性」，只有在「知性」之後才能達到「知天」的最後目的。其次，他講「事天」則屬於實踐論一邊的事，但其程序還是一樣，即先「存心」、次「養性」、最後才輪到「事天」。「知天」、「事天」在孟子的思想系統中可以理解爲尋求與超越的精神領域及動力合而爲一的一種努力，他論「知言」、「養氣」一章(《公孫丑上》)即其實例。(所以朱熹《集註》云：「知言者，盡心知性。」)但是他強調這一努力必須先從自己「心性」的內部開始，這便爲內向超越提供了一個典型的例證。

澄清了內向超越格局下「天」、「人」關係的特徵以後，我們才能回到上面提出的關於思維結構和思維模式的問題：通過軸心突破，巫文化的舊「天」已爲環繞著「道」而發展出來的新「天」所取代，但二者之間在思維結構與模式的層次上卻仍然存在著一定程度的延續性。爲了便於對比和討論，以下將巫文化的「天」、「人」關係名之曰「舊天人合一」，而稱內向超越下的「天」、「人」關係爲「新天人合一」。茲先對二者最顯著不同處作一極簡單的對比。

舊天人合一基本上是巫師集團創建的；通過特別設計的祭祀系統，它的實踐也長期掌握在他們的手中。從傳世史料和考古發掘來看，舊天人合一表現了一個特殊的方式和一個普遍的方式。所謂特殊方式即上面論證過的「天命論」。地上人王通過巫師的事神法術向「天」上的「帝」取得王朝統治的「天命」。所謂普通的方式則是一般人爲了避凶趨吉，往往也仰賴巫爲他們乞援於鬼神；前引何休《公羊傳》注：「巫者，事鬼神，禱解以治病請福者也」（見本文頁二八），便是顯例。所以舊天人合一主要是指人世界和鬼神世界在巫的操縱下通而爲一。但巫的降神活動則是舊天人合一的極致，因爲神自天而降，託付在巫的身上，「天」和「人」至此才眞正達到了合而爲一的境地。

新天人合一是思想家在軸心突破過程中發展出來的，它的特徵可以歸納爲一句話：「道」與「心」的合一。這個新合一既完全與鬼神無涉，其中自不可能爲巫的活動留下任何空間。新天人合一建立在一個「道」「氣」不相離的新宇宙論的預設之上（見本書第三章），其中「道」與「心」都是很複雜的概念，非一言可盡，俟下文討論新舊兩說的延續性時，再稍作補充。

莊子曾假仲尼之口說出兩句名言：「自其異者視之，肝膽楚越也。自其同者視之，萬物皆一也。」（〈德充符〉）上面關於舊天人合一與新天人合一的簡單對比是「自其異者視之」；以下轉入思維結構與模式則是「自其同者視之」。

首先必須指出，整體地看，新天人合一的結構脫胎於舊天人合一，是十分明顯的；兩者同爲「人」尋求與「天」相通，以取得存有的保證。在舊系統中，代表王朝和下民全體的「余一人」

必須時時和擬人化的「帝」或「天」進行交通，以爭取「天命」的延續。在新系統中，思想家作爲個人也必須努力攀登「道」的精神領域，以尋求生命之源與價值之源。（因「道」、「氣」不離故。）孟子「萬物皆備於我」、「上下與天地同流」及莊子「天地與我並存，萬物與我爲一」，都是新天人合一的呼聲。所以如果只看形式，不論內涵，則新系統與舊系統之間確是一脈相承而下。這正是爲什麼「天人合一」作爲一個描述詞同樣適用於新舊兩系，以致現代學人也毫不遲疑地用它來概括自古以降中國精神世界的一個主要特色。

新天人合一走的是內向超越之路，因此必須引「道」入「心」，以建構一個「可以上通於天」的「祕道」。這和舊天人合一之外向超越恰如南轅北轍。但是完全出乎意料的，舊系統中的降神活動竟爲新系統中「心」、「道」合一提供了最有效的運作模式。讓我舉一二例作爲說明。《管子・心術上》討論「心」如何與「道」相處的問題。首段曰：

> 心之在體，君之位也；九竅之有職，官之分也。心處其道，九竅循理。嗜欲充益，目不見色，耳不聞聲。（舊注曰：「君嗜欲充益，動違道，則九竅失其司。目有所不見，耳有所不聞也。」）故曰：上離其道，下失其事。

大旨以「心」居「君之位」，其他器官（如耳、目）則聽命於「心」。（按：此與孟子分別「心之官」與「耳目之官」相似。）因此「心」必須與「道」打成一片。相反的，如果「心」爲「嗜欲」所淹沒，離開了「道」，那麼其他器官也不能各司其職了。此處所強調的是「心」與「道」的合一，毫無可疑。但〈心術上〉的作者突然筆鋒一轉，說道：

> 虛其欲，神將入舍。（舊注：「但能空虛心之嗜欲，神則入而舍之。」）掃除不潔，神乃留處。（舊注：「不潔，亦喻情欲。」）

這兩句話明明是描述降神的場面。神降於人間，以巫之身爲暫時棲止之所（即「神舍」）。因此巫事先必須沐浴敷香，將「神舍」清理得極其乾淨。這是舊天人合一的高潮時刻[52]。驟讀此一描寫，不免令人起突兀之感，但細加體會，則知作者特意用巫的降神語言，加深讀者對於「心」「道」合一的理解。「虛其欲」之「欲」即指上文的「嗜欲」，非盡加「掃除」便留不住「道」，正如巫的身體若不能浴洗乾淨便留不住「神」一樣。這一解釋絕非牽強附會，因爲〈心術上〉後文還有下面的話：

> 靜乃自得，……聖人得虛道……。去欲則宣，宣則靜矣。（舊注：「宣、通也。去欲則

52　參看霍克思爲《楚辭・九歌》英譯本所寫的導論：David Hawkes, tr., *Chu Tz'u: The Songs of the South* (Boston: Beacon Press, 1962), p. 35.

虛自行，故通而靜。」）靜則精，精則獨立矣。獨則明，明則神矣。神者，至貴也。故館不辟除，則貴人不舍焉。故曰：不潔則神不處。

此節講的是「心」如何修煉以得「道」的問題，但最後又回到巫的語言，歸宿於「不潔則神不處」。可證這兩處的「神」字都指「道」而言，作者以降神活動為「心」「道」合一的基本模式，在此已昭然若揭。

這一觀察又可取證於《管子．內業》篇。〈內業〉論「道」與「心」的關係云：

> 凡道無所，善心安愛，心靜氣理，道乃可止。……修心靜音（按：「音」當作「意」），道乃可得。道也者，口之所不能言也，目之所不能視也，耳之所不能聽也，所以修心而正形也。

開頭「凡道無所，善心安愛」一語因有誤字，涵義不明。戴望《管子校正》（卷三「幼官」）說：

> 「愛」當為「處」字之誤也。「安」猶「是」也，「處」、「居」也，言道無常所，唯善心是居也。下文曰：「心靜氣理，道乃可止」，是其明證也。（見《國學基本叢書簡編》商務印書館本，《管子》下冊）

戴氏「校正」使全段文義豁然貫通，大旨是說：「道」並不存在於任何特定的地方，而且也非言語視聽所能及，但總是以靜修有成的「心」作爲它的居所。這是對於內向超越格局下「心」、「道」合一的一種描述與解釋。但接著有幾句論「聖人」修心的話如下：

> 能正能靜，然後能定。定心在中，耳目聰明，四枝堅固，可以爲精舍。（舊注：「心者精之所舍」）精也者，氣之精也。

此處「定心」則「耳目聰明」等云云，與上引〈心術上〉之「心處其道，九竅循理」云云，思路一致，可不待再論。但值得重視的是「精舍」這一名詞的出現。以「心」爲「精舍」與〈心術上〉之「神將入舍」一樣，也流露出〈內業〉作者有降神的模式在胸中作祟。事實上，無論是「神舍」或「精舍」，都指「道舍」而言。〈心術上〉已有「德者，道之舍」一語，《韓非子．揚權》篇曰：

> 故去喜，去惡，虛心以爲道舍。

〈內業〉篇說：「精也者，氣之精也。」因此「精舍」雖脫胎於「神舍」，畢竟離巫文化已遠了一步。但同篇又有一句名言，曰：

思之思之，又重思之。思之而不通，鬼神將通之，非鬼神之力也，精氣之極也。（又見〈心術下〉）

據此，則「精氣」和「鬼神」仍有密切的關係。這個問題究竟應該怎樣理解呢？此處自然不可能充分展開論證。極簡略地說，由於〈內業〉作者一方面要以內向超越之「道」取代巫的鬼神世界，而另一方面又受到降神活動的啓示而發展出「心」、「道」合一的新信仰，因此他不得不借「鬼神」的概念來傳達「精氣」的巨大威力。他並不眞的相信巫文化中的「鬼神」，所以在「鬼神將通之」一語之後趕緊補充一句：「非鬼神之力也，精氣之極也」。「道」與「氣」既不相離，則「氣之精」即是「道」，而「精舍」也就是「道舍」，便不待繁言而解了[53]。總之，〈內業〉篇提供了一個典型例證，使我們看到：內向超越的思想家怎樣在精神修養的領域中用「精氣之極」取代了「鬼神之力」，而與此同時，卻又在某些特定方面延續了巫文化的結構與模式[54]。

---

53 關於〈內業〉篇「精氣」與「鬼神」的問題，參看裘錫圭，〈稷下道家精氣說的研究〉，收入：《道家文化研究》，第二輯(上海：上海古籍出版社，一九九二)，頁一六七—一九二。

54 葛瑞漢(C.A.C. Graham)有專章研究〈內業〉篇如何從巫的背景轉入哲學層面的精神修養。見C.A.C. Graham, *Disputers of the Tao: Philosophical Argument in Ancient China*(La Salle, Illinois: Open Court, 1989), pp. 100-105.

新天人合一與舊天人合一之間的延續關係自然不是上舉少數史證所能概括的。但因其他相關史證本書已別有論述（見第六章論「延續與改造」一節），故於此序略去以省篇幅。下面僅就「心」的觀念提出兩點說明，作爲有關延續性問題的補充。

第一，內向超越突出了「心」的特殊地位；在新系統中，「心」是爲了否定並取代舊系統中的「巫」而出現的。但是深一層觀察，「心」的活動方式卻是軸心思想家以「巫」爲基本模型而想像出來的。孟子引孔子「出入無時，莫知其嚮」來形容「心」之變化莫測（〈告子上〉），莊子則借姑射山「神人」海闊天空的「逍遙」來「明至人之心」[55]。巫的神通便這樣轉化爲「心」的神通了。

第二，在新天人合一中，巫作爲「天」、「人」中介的觀念已被徹底摧破了。但是「心」、「道」合一的新構想卻又在不知不覺中賦予「心」以「天」、「人」中介的功能，與舊系統中的巫如出一轍。荀子說：「人何以知道？曰：心。心何以知？曰：虛壹而靜。」（〈解蔽〉篇）但這不是一般的「人心」，而是一種特殊的「道心」，必須通過「治氣養心之術」（〈修身〉篇語）才能修成。這是後世所謂「功夫論」的遠源，但顯然從巫傳統中移形換位而來。上文提到，巫自稱其通「天」的功能出於專業訓練，因而取得一套「事神」的「技能」（或「藝」）。我相信，這便

---

55 按：〈逍遙遊〉中的「神人」可以視爲對巫或薩滿（"Shaman"）的速寫：「不食五穀，吸風引露。乘雲氣，御飛龍，而遊乎四海之外。」參看 Mircea Eliade論中國的巫（"Shamanism"）自始即有 "journey in spirit" 及 "magical flight" 的特色。見他的 *Shamanism: Archaic Techniques of Ecstasy*, pp. 447-451。

是「心」必須經過修養才能「知道」這一新構想的原型。新天人合一在思想內涵方面推倒並取代了舊天人合一，但在結構和模式方面，新舊二系之間卻仍多一脈相承之處，這是中國軸心突破的一大特色。

附言

以上我試將中國軸心突破的展開歷程，置放於比較文化史的脈絡之中，加以系統的敘述。我絕無以個人之見，重新建構中國思想史起源的妄念。恰好相反，我只想在前人研究的基礎之上，爲先秦諸子學的開端增添一個理解的層次而已。以中國軸心突破史爲專題研究的對象，這是我個人的初次嘗試。不用說，論點的疏略、論證的失誤，以及解讀的偏頗等等是無可避免的。我懇切地期待著讀者的批評和教正。

二〇一三年六月六日完稿於普林斯頓

第一章
引論

「天人合一」的觀念，是中國宗教、哲學思維的一個獨有的特色，這是現代學人的一個共識。作爲一項哲學分析的範疇，天、人兩極對舉也早在先秦諸子思想中取得了中心的位置。所以《莊子》中經常提及天、人之間的微妙界線究竟應如何劃分的問題，譬如〈大宗師〉開頭便說：「知天之所爲，知人之所爲者，至矣。」莊子對天的強調曾招致荀子的批判，他認爲「莊子蔽於天而不知人」（《荀子・解蔽》）。然而荀子自己也堅持，我們對於世界的確切認識必始於劃清天、人二領域之間界線，即〈天論〉所謂「明於天人之分」。

至遲於西元前二世紀，作爲一種基本思維方式，天、人相對之分析範疇已在中國思想史牢牢地建立起來了。這是因爲陰陽家宇宙論在漢代發生了無遠弗屆的影響，董仲舒在這一方面的貢獻尤大。因此自漢以來兩千年間，各派思想家和學者往往懸「天人合一」的理想爲畢生追求的的最終目標。司馬遷（西元前一四五—九〇？）便清楚地告訴讀者，他一生獻身於《史記》的撰寫，其旨趣首先即在「究天人之際」（《史記・太史公自序》）。如此一來，司馬遷竟爲後世學者樹立了一個群相師法楷模。《舊唐書》讚美劉知幾（六六一—七二一）和其他史官「學際天人」絕非出於偶然，而無疑是刻意援引《史記》的典故（《舊唐書》卷一百二，本傳）。十八世紀的章學誠（一七三八—一八〇一）是中國史學傳統中最富於哲學頭腦的人，他堅持著史必以孔子《春秋》爲範例，其主旨是爲了「綱紀天人，推明大道。」（《文史通義・答客問上》）

作爲一項思考範疇，「天人合一」這一觀念展現出驚人的經久韌力，一直到今天都在中國人心中縈迴不去。事實上，二十世紀末年，這一引人入勝的課題還在中國思想界引發了一場激烈論爭。這場論爭起於史學大師錢穆（一八九五—一九九〇）先生的一篇最後遺稿。一九八九年九月，錢先生忽然發生了生平最後一次「徹悟」，認定「天人合一」觀「是整個中國傳統文化思想之歸宿處」。他對此一「徹悟」非常興奮，終於在一九九〇年端午前三天完成了一篇口述短文，題爲〈中國文化對人類未來可有的貢獻〉，離他的逝世（八月三十日）只有三個月。這篇短文可以說是他的「晚年定論」，同年九月二十六日初刊於台北《聯合報・副刊》上。但是出人意外地，一九九一年北京《中國文化》第四期轉載此文之後，竟引起中國學者正反兩面的熱烈回響；這場論辯先後在《中國文化》及其他刊物上持續了三、四年。爲了探討這古典命題的確切意涵，學者們提出了許多疑問：例如中文的「天」究竟意指自然，還是統攝了自然的神？在什麼意義與程度上，我們有充分的保證，可以主張天、人構成了「合一」的整體？在什麼方式上，這個古典命題和現代生活具有關聯？相對於盛行的西方文明「征服自然」意向，「天人合一」是否能理解爲「自然與人之諧和」？果若如此，現代的科學與技術又當如何為中國文化所運用呢？還有，如果將以宗教、形上或倫理的意義來詮釋「天」，那我們能從這個古老命題中得出什麼樣的關於中國精神文化的現代甚至後現代意涵呢？但是論辯中的種種細節與本文的主旨無關，不須深論。我在這裡略提到它們，不過是為了說明「天人合一」絕不是一個早已僵化了的觀念，只剩下一點歷史的興趣而已。相反地，「天人合一」作為一項思考範疇，在今天依然是中國人心靈結構中一個核心要素。它也許正是一把鑰匙，可以開啓中國精神世界的眾多門戶之一。

關於「天人合一」觀念在古代的起源和演變，後面將立專章作較詳細的研究，暫不涉及。這裡我要特別說明的是：我從這個著名命題下筆，主要是因我希望能藉此開展關於中國古代特有的超越("transcendence")型態的討論。根據我的判斷，天、人二字經常分別意指超越領域和現實領域，如果借用柏拉圖思想或佛教的概念，那便是「彼世」(the other world)和「此世」(this world)，這在把天、人二者作為兩極對舉的哲學、宗教文本中表現得尤其清楚。從上面所引的早期例子中已可明白看出這個情況。此後自十一世紀以降，我們則常常遇到「天理」、「人欲」二領域的區別，這是理學系統中一個最主要的分野。

必須進一步注意的是，互相對照的兩個世界——超越世界與現實世界——在中國哲學論述中有時也以其他的語言化妝出現，而不必實際使用「天」、「人」的字樣。但是如果作深一層的檢視，我們便會發現，這些不同的說法最後仍然可以歸繫於天人兩極的基本範疇。下面讓我舉一個具體例子來澄清我的論點。在三、四世紀的玄學運動中，曾有一波圍繞「自然」與「名教」的長期論辯。在玄學語彙中，「自然」意指宇宙的原來狀態——當時玄學家把它想像成一種和諧的秩序，在此秩序中，萬物自發無所拘窒，永遠是自生自化。與此相對，「名教」意指主要由「名」所塑造成的人類情境。史學家袁宏(三二四—三七六)說得很清楚：「古之聖人……作爲名教，平章天下。」(《後漢紀》卷二十三，靈帝建寧二年條)但是聖人既未曾也無法把一套武斷、人爲的秩序強加於人間世界之上。相反地，他們所創建的「名教」其實是緊密地仿效宇宙秩序中之「自然」而來。《易經》有言：「天生神物，聖人則之；天地變化，聖人效之」(《周易・繫辭上》)，魏晉玄學家正以此作爲核心觀念來發展他們關於「自然」、「名教」關係的精微論點。許多玄學思想家嚴厲質疑當時「名教」的正當性，只是因爲他們相信「名教」在他們那個時代已然腐化和墮落爲原初「自然」的反面。一言以蔽之，人間秩序(「名教」)必須時時刻刻都師法宇宙秩序(「自然」)。但是這裡我要提醒讀者注意，郭象(卒於三一二年)注《莊子・齊物論》中「天籟」一詞，暢發「自然」之義，強調「自然」即是「天然」，也可看作「天道」。另一方面，上引袁宏之說，聖人「作爲名教，平章天下」，而且他又進一步說，「夫君臣父子，名教之本」(同上，卷二十六，獻帝初平二年條)，則「名教」明明被理解爲人的「制作」，也便是所謂「人道」。這樣說來，玄學中環繞著「自然」和「名教」的爭論其實仍是在「天」和「人」的指涉間架(“frame of reference”)之下進行的。這正是何晏(卒於二四九年)爲什麼稱讚王弼(二二六—二四九)這位卓越的思想家，要特別說：「若斯人者，可與言天人之際乎！」(《三國志・魏志》卷二十八，〈鍾會傳〉，裴注引何邵《王弼傳》)何晏所謂「天人之際」當然包括了「自然」與

「名教」之際。事實上，魏晉時期「清談」的重心在二者之「將毋同」，所以玄學家可以說是通過當時流行的「自然」與「名教」的獨特語言來表達「天人合一」的普遍概念。這一點，在當時「清談」文本中是隨處可以取證的[1]。

不過，在轉向中國古代「超越」（transcendence）型態的問題前，我們尚須稍微談一下「絕地天通」的神話。這個神話從表面上看似乎意味著在極早時期，曾出現過一個和「天人合一」概念截然相反的觀點。「絕地天通」的故事如下：

> 古者民神不雜。民之精爽不攜貳者，而又能齊肅衷正，其智能上下比義，其聖能光遠宣朗，其明能光照之，其聰能聽徹之，如是則明神降之，在男曰覡，在女曰巫。是使制神之處位次主，而爲之牲器時服。……民是以能有忠信，神是以能有明德，民神異業，敬而不瀆，故神降之嘉生，民以物享，禍災不至，求用不匱。及少昊之衰也，九黎亂德，民神雜糅，不可方物。夫人作享，家爲巫史，無有要質。民匱于祀，而不知其福。蒸享無度，民神同位。民瀆齊盟，無有嚴威。神狎民則，不蠲其爲。嘉生不降，無物以享。禍災薦臻，莫盡其氣。顓頊受之，乃命南正重司天以屬神，

1　可參看陳寅恪，〈陶淵明之思想與清談之關係〉，收在《金明館叢稿初編》（北京：三聯書店，二〇〇一），頁二〇一—二二九。

命火正黎司地以屬民，使復舊常，無相侵瀆，是謂絕地天通。（《國語・楚語下》）

這個神話最早見於《尚書・呂刑》，其文甚簡，但曰「乃命重、黎絕地天通，罔有降格。」曾運乾（一八八四—一九四五）解釋「格」字則云：「格，格人，能知鬼神情狀者；降格，言天降格人也。」[2]依此說，可知「格人」即巫，乃天人之間的媒介。「罔有降格」是說「天」或「帝」不讓這種媒介到人間來；這當然是為了貫徹「絕地天通」的新決定。根據這兩個文本，我們僅能推斷，這個神話或許反映了中國遠古時代一次重要宗教發展的殘餘記憶，但無從判斷其時代，也無法想像其發展的本來面目。現代詮釋者一般視此神話為薩滿文化（shamanism）大盛於古代中國的證據。如果「薩滿」一詞可以用最寬泛的意義來理解，即視之為人神之間的媒介，而不涉及薩滿是否必起源於一地（如西伯利亞），然後傳播到世界各地的問題，則我能接受把中文的「巫」、「覡」視同為薩滿（英文我用 *wu-shaman*）。我傾向於相信，類似「巫」或「薩滿」的信仰可以獨立地發生在任何初民社會。不過，在我個人的解讀中，這個神話的歷史意義主要不在對薩滿文化盛行古代中國的描繪，而在於對薩滿文化的政治操縱。神話清楚指出，當聖王顓頊藉切斷天、地交通以終止「民神雜糅」的局面後，一般庶民（原文中的「民」）不再被允許和天直接交通，與天交通自此成為君王的專屬特權。君王本人或其指派的高階祭司透過掌控種種的巫術技

2 見曾運乾，《尚書正讀》（北京：中華書局，一九六四），頁二七九—二八〇。

巧，獨占了與上帝及其他神祇的交通。我們應可合理推測，巫術技巧中包括了人所熟知的占卜。因此，如果「絕地天通」神話的背後確有歷史事件的影子，故事細節所暗示的核心事實大概可以推測如下：在遠古某一關鍵時刻，當普世之王(“universal king”，亦即後世所稱之「天子」)首度登上歷史舞台，他需要上帝或天對他的絕對權威予以合法化。但這裡我必須緊接著說明，所謂「普世之王」(或「天子」)並不必然指後世夏、商、周那樣大規模「天下」中的「余一人」，它也可以是一個較小政治社群中的最高首領。作爲最早「普世之王」中的一位，顓頊藉著剝奪普通巫師和上帝、其他神祇交通的傳統機能，重組了原始的巫教。顓頊隨後轉以他所信任的巫師(神話中「司天」的「重」)掌理與天相關的事宜，藉此建立他自己與「天」或「帝」直接交通的管道[3]。

上述神話中所蘊含的地上的「普世之王」與上帝、其他神祇間的關係，已大致由商代甲骨文獲得證實。商王的確在占卜儀式中活躍非常。在商代甲骨文所包含的五個時期中(西元前一二〇〇—一〇四一)，商王均扮演占卜者，而到了第五期，商王更是資料中唯一的占卜者與預言者[4]。我們當可合理推測，商王如果不是「一位神權君主，可以憑藉其超卓能力和超人間的勢力有所溝通，

3　參看李零，《中國方術考》(北京：東方出版社，修訂本，二〇〇〇)，頁一一—一九中關於「絕地天通」和「民神異業」的解釋。

4　David N. Keightley, *Sources of Shang History: The Oracle-Bone Inscriptions of Bronze Age China* (Berkeley: University of California Press, 1978), p. 31.

以維持其有效的統治」[5]，便是一位「群巫之長」[6]。然而在此二者間，我認爲「神權君主」一說比「群巫之長」更確切，因爲「絕地天通」神話的重心毫無可疑地是放在政治秩序，而非宗教秩序的上面。就此意義而言，我們在「絕地天通」神話中，已可清楚看到稍後所謂「天命」觀念之濫觴。

在現代學者的主流意見中，「天命」觀念起源於西周。依此現代理論，「天命」概念是由周王朝諸創建者(尤其是周公)所首創，他們滅商並取而代之都是奉「天」之「命」而爲之[7]。不過，就我看來，以「天之所令」(Heaven's Command)或「天所授命」(Mandate of Heaven)的意義

5 Ibid., p. 136

6 陳夢家，〈商代的神話與巫術〉，《燕京學報》第二〇期(一九三六，北京)，頁五三五。並可參看 K.C. Chang(張光直), "Shang Shamans," in Williard J. Peterson, Andrew Plaks and Ying-Shih Yü, eds., *The Power of Culture: Studies in Chinese Cultural History* (Hong Kong: The Chinese University Press, 1994), pp. 10-36. 最近關於古代巫的地位問題及不同觀點的討論，可看 Tong Enzheng(童恩正), "Magicians, Magic, and Shamanism in Ancient China," edited by Lothar von Falkenhausen, *Journal of East Asian Archaeology* (Brill, Leiden, 2002), 4.1-4, pp. 27-73; Fu-shih Lin(林富士), "The Image and Status of Shamans in Ancient China," in John Lagerwey and Marc Kalinowski, eds., *Early Chinese Religion: Part One: Shang through Han* (*1250BC -220AD*) (Leiden and Boston: Brill, 2009), esp. pp. 399-401. 關於先秦史料中「巫」的記載，可看李零，〈先秦兩漢文字史料中的「巫」(上)〉，收在他的《中國方術續考》(北京：東方出版社，二〇〇〇)，頁四一—六三。

7 關於這一主流看法，現代論著極多，無法在此一一列舉。最近根據周代銘文和經典文本，對此問題作簡要討論的，可看小南一郎，《古代中国：天命と青銅器》(京都市：京都大学学術出版会，二〇〇六)，第五章〈天命の実態と機能〉，頁一七九—二〇〇。

而論，「天命」觀念的起源仍有討論的餘地。我可以接受「天命」作爲一個概念正式出現在周初之說，但如果考慮到「絕地天通」神話自原史時代以來一直盛行以及商代統治的神權性質，一個與「天命」相類似的觀念當早在周興起前便已爲「普世之王」所運用。事實上，我們有充分的理由相信，商王一定也同樣假借了「帝」（如果不是「天」）的命令來建立他在人世的至高權威。在周代早期文獻中，我們經常會發現天、帝二字的相互通用，這正意味著商、周間宗教之延續[8]。再者，根據《春秋·公羊傳》，祭天乃天子專屬之特權。在所有的人之中，包含貴族與封建諸侯，只有天子有資格和四方群神「無所不通」（〈僖公三十一年〉）。很明顯地，這正是前文所說「絕地天通」神話的遙遠回響，同時也進一步爲「絕地天通」神話源起和普世王權出現間的可能關係提供了支持。

現在，讓我嘗試論證「絕地天通」神話與本文開頭所論「天人合一」作爲一個哲學命題間的關連。自表面看來，兩者的牴觸顯而易見：「天人合一」作爲哲學命題，其成立的前提是，世上的所有個人原則上均能和天（或宇宙）交通，但「絕地天通」神話所呈現的圖景，則是除「普世人王」外，世間無人有權與天之神聖力量交通。不僅如此，在「絕地天通」的神話中，天地之間的溝通非靠種種巫術技巧不可。因此或者「普世人王」親自以「群巫之長」的身分承擔起與「帝」

8　關於這一點，可看傅斯年，《性命古訓辨證》，收在《傅斯年全集》，第二冊（台北：聯經出版公司，一九八〇）中卷，第一章〈周初人之「帝」、「天」〉，頁二六五—二七八。詳論見第六章。

或「天」溝通的任務，不然他必須指派巫師以助他為之。但軸心突破以後，先秦諸子將「天人合一」轉化成一個哲學命題，情況便完全不同了。軸心突破後的思想家如孔子、孟子、莊子等，討論個人如何取得與「天」和合為一時，他們完全不提巫師的媒介作用；相反地，他們都強調依自不依他，即通過高度的精神修養，把自己的「心」淨化至一塵不染，然後便能與「天」相通。（有關這一點，詳見第六章〈「天人合一」的歷史演變〉。）不用說，「絕地天通」之「天」和作為哲學命題「天人合一」之「天」，雖同用一字，涵義大不相同，下文將作進一步的澄清。不過就結構而言，如果我們把前後兩個「天」字都當作超越於人世之上的另一世界，那麼，神話中的「絕地天通」和哲學上的「天人合一」至少在字面上是互不相容的。

不過，一旦穿透「絕地天通」神話的表層，我們不難看到，這個神話依然以其獨特的方式隱蔽地傳達出關於「天人合一」的訊息。這個特異處也許可以如此理解：作為「普世人王」的顓頊結束了「民神雜糅……家為巫史」的混亂局面，重新建立了「民神不雜」的秩序。但這只是不使「民」與天上的神祇私下溝通，而不是眞正切斷了「天」與「地」之間的全面關係，因為那是不可能想像的事。人間世界作為一個集體依然和「天」是連成一體的，而「普世人王」則是兩者之間的唯一環鏈。這也就是說，以個人而言，天人交通已嚴格地限於「余一人」的普世人王，人世的其他個別成員都不再有和「天」直接溝通的資格。即使巫師也不例外，除非他獲得君王的明確許可，才能以君王代理的身分與天交通。

根據以上的認識，「天人合一」的觀念在中國確實出現得很早，即使在所謂「絕地天通」時期，它仍以另一種方式在活動；它被想像成出政治權威中心所操控和安排的「合一」。不過，隨著時間推移，這個古老的觀念產生了一些微妙的變化，政治的控制亦因而鬆動。在一份周代早期文獻中，周公談到殷代先王，從成湯至於帝乙，曾這樣說：

我聞惟曰，在昔殷先哲王迪，畏天顯小民，經德秉哲。（《尚書・酒誥》。按：句讀從曾運乾，《尚書正讀》，頁一七七。）

但殷先王何以必須同時對「天」與「民」抱持敬畏之心呢？這個問題可以在孟子引用的周代早期文獻〈泰誓〉中找到答案：

天視自我民視，天聽自我民聽。（《孟子・萬章上》）

這句話實在有若西諺「民之聲，神之聲」（*Vox populi, vox Dei*）的中國翻版。大部分現代學者將此視爲周代對中國政治思想的貢獻。我相信「天」與「民」直接交涉的觀念到周初才大爲流行，其中當以周公的功績爲大，但這一觀念的雛形也許早在殷代或更早即已出現，上引〈酒誥〉的文字便如此說。伴隨這個新觀念的出現，天、人間的交通至少已與顓頊「絕地天通」的狀態頗有不同。現在，「天」選擇直接觀察、聆聽「民」的聲音，而不必通過祂已不再全心信任的「群巫之長」的協助了。曾運乾解釋〈皋陶謨〉「天聰明，自我民聰明……」等句，說：「言天人合一之理，明天命本於人心也。」[9]這樣的詮釋很近情理。以「民之聲」來重新定義「天命」，無疑是「天人合一」命題演進上的重大進展。不過，「天人合一」的命題往後還有一次更具理性和人文色彩的轉變。到老子和孔子的時代，「天人合一」在哲學層次上有更進一步的突破，最終並超克了古老的「絕地天通」神話。現在，讓我首先轉向這個中國精神世界的重大發展。

《莊子・天下》篇說：

天下大亂，聖賢不明，道德不一，天下多得一察焉以自好。譬如耳目鼻口，皆有所明，不能相通。猶百家眾技也，皆有所長，時有所用。雖然，不該不徧，一曲之士也。……是故內聖外王之道，闇而不明，鬱而不發。天下之人各為其所欲焉以自為方。悲夫，百家往而不反，必不合矣！後世之學者，不幸不見天地之純，古人之大體，道術將為天下裂。

〈天下〉篇作者回顧諸子百家的興起，致慨於上古渾然一體的「道」竟破裂成許多「一曲」之見，可知他已明確地意識到當時中國所經歷的即是現在我們所理解的「軸心突破」。我之所以願

9 曾運乾，《尚書正讀》，頁三五。

意借用雅斯培(Karl Jaspers, 1883-1969)的說法也正是因爲〈天下〉篇有「道術將爲天下裂」的明文；「裂」便相當於「突破」之「破」。《淮南子・俶眞訓》云：

> 周室衰而王道廢，儒墨乃始列道而議，分徒而訟。

這句話明明是從上引〈天下〉篇中變化出來的，「列道」之「列」即是「裂」的異體字，毫無可疑。事實上〈天下〉篇作者是將莊子所創造的一則深刻的寓言轉化爲一段歷史敘事。《莊子・應帝王》曰：

> 南海之帝爲儵，北海之帝爲忽，中央之帝爲渾沌。儵與忽時相與遇於渾沌之地，渾沌待之甚善。儵與忽謀報渾沌之德，曰：「人皆有七竅以視、聽、食、息，此獨無有，嘗試鑿之。」日鑿一竅，七日而渾沌死。

我相信這位莊子後學的歷史敘述確實掌握了莊子寓言的本意。〈天下〉篇與〈應帝王〉篇中的感官譬喻，清楚顯示莊子所謂「渾沌」，實乃太初渾然一體的「道」之象徵。而當莊子使用渾沌之死的著名譬喻時，他心中所想到的，必然是那場發生於西元前第一千紀中葉的中國精神啓蒙，「儵」、「忽」二名則暗喻軸心突破之進程迅速。老子、孔子、墨子便是在這場啓蒙運動中最先出現的三個偉大的名字。

這篇專論的主旨在嘗試探索這場精神啓蒙的起源，並追溯其開展之過程。下面我將以「天人之際」概念爲主軸，檢視孔子時代中國哲學突破的一個主要面向，那就是現實世界與超越世界之間的關係在概念上的不斷變遷和流動。我接受韋伯(Max Weber, 1864-1920)、雅斯培以及許多其他學者的一個共同預設：在西元前一千年之內，好幾個高度發展的古代文化，如希臘、以色列、中國、印度等都經歷了一場性質相近的精神突破(見下章)。雅斯培首先用「軸心時代」(“Axial Age”)和「軸心突破」(“Axial breakthrough”)來界定這一段重大的歷史變動，這兩個名詞終於在學術界流傳下來，沿用至今。近三、四十年來，不但「軸心突破」的討論日新月異，早已超出雅斯培的最初觀察和分析，而且運用「軸心時代」或「軸心突破」的觀點研究上述幾個古代文化(包括中國在內)的論著也越來越多。因此我這篇專論一方面儘量參考近人的創獲，另一方面則力求開拓比較文化史的視野，並在適當場合逕採西方例案爲參照系。我的最大願望是在可信的原始史料的基礎上，將中國「軸心突破」的文化特色揭示出來。

第二章
軸心突破與禮樂傳統

現在，問題在於我們如何理解這場「突然」的精神啓蒙，並且將之與天人之間的分際聯繫起來。我在本章中，打算從比較的角度提出此問題以作爲開始，因爲中國並非古代世界裡唯一經歷了這場啓蒙的文明。早在一九四九年雅斯培在《歷史的起源與目標》(*The Origin and Goal of History*)中首先提出了一個引人入勝的觀察，他建議西元前第一千年(the first millennium B.C.E.)可稱之爲「軸心時代」(Axial Age)。在這個時代內，世界上幾個高級文明，包括中國、印度、波斯、以色列、希臘，都經歷了一場重大的精神「突破」(breakthrough)。突破的方式各有不同，或取哲學思辨之路如希臘，或是後神祕主義時代的宗教想像如以色列，或爲道德—哲學—宗教意識的混合型如中國。顯然，軸心時代諸高級文明的突破都是各自獨立發生的，沒有任何證據顯示彼此曾互有影響。我們最多只能說，大概文明或文化發展到某種高階段，便都會經歷某種相同的精神覺醒。雅斯培更進一步指出，這場軸心突破的終極重要性在於它對於各有關文化的性格往往發生定型的影響[1]。

在過去幾十年間，針對雅斯培的「突破」概念已經進行了大量討論[2]。一般都同意，如果將孔子時代中國思想的巨大轉型看作一場軸心突破，可能更足以顯出它的歷史意義。因此，如上章之末所示，莊子及〈天下〉篇作者早在當時即以參與者的身分，抓住了這場精神運動的歷史意義，實在值得大書特書。「混沌之死」、「道爲天下裂」確實掌握了「軸心突破」概念的基本涵義。

有許多方法可以描述軸心突破的特徵。但就本文的論旨而言，我想把它看作是中國第一次精神覺醒，其核心成就在於導致了一場極富原創性的超越(“original transcendence”)。這裡所謂「超越」意思是如史華慈(Benjamin I. Schwartz, 1916-1999)所提示的：「對於現實世界進行一種批判性、反思性的質疑，和對於超乎現實世界以上的領域發展出一種新見」[3]。說這種超越是「原創

---

1 見 Karl Jaspers, *The Origin and Goal of History*, English Translation by Michael Bullock（New Haven: Yale University Press, 1953. Original Title: *Vom Ursprung und Ziel der GeschichtE.* Zürich: Artemis Verlag, 1949）.

2 討論文獻太多了，在此不能備列。但最重要的有三個論集：1. Benjamin I. Schwartz, ed., *Wisdom, Revelation, and Doubt: Perspectives on the First Millenium B.C., Daedalus* 104:2（1975, Spring）; 2. S.N. Eisenstadt, ed., *The Origin and Diversity of Axial Age Civilizations*（Albany: State University of New York Press, 1986）; 3. Johann p. Arnason, S.N. Eisenstadt, and Björn Wittrock, eds., *Axial Civilizations and World History*（Leiden and Boston: Brill, 2005）.

3 見 Benjamin I. Schwartz, “The Age of Transcendence,” *Daedalus* 104:2, p. 3. 按：史華慈關於中國古代發生過「原創性超越」的見解，我在一九七七年撰寫〈古代知識階層的興起與發展〉長文中已作了介紹。（見余英

性」的，意指它從此以後，貫穿整個傳統時代，大體上一直是中國思維的基本特徵。

學者們大致都同意，軸心突破直接導致了現實世界和超越世界判然二分的出現。基本上這正是超越這一觀念的中心涵義：現實世界被超越了，但並未被否定。不過，另一方面，超越的確切樣式、經驗內容、歷史進程，各文明之間則並不相同，因爲每一種文明的軸心超越都發生在各自獨特的「前突破」("pre-breakthrough")基礎之上。我緊接著就要談到中國超越的獨特性。有些西方學者早已注意到，與西方比較起來，中國的軸心突破好像是「最不激進」[4]或「最爲保守」[5]的。我認爲這個判斷是有根據、有道理的。我們可以有種種不同的方式來論證這一斷定。其中之

（續）

時，《中國知識階層史論(古代篇)》［台北：聯經出版公司，一九八〇］，頁三三，註七五。）從一切相關史料來觀察，我當時即肯定了他的看法。最近貝拉(Robert N. Bellah)在他關於宗教演進的巨著中也從「軸心突破」的角度對史氏之說表達了熱烈的支持，使我有吾道不孤的欣悅。（見*Religion in Human Evolution, From the Paleolithic to the Axial Age*(Cambridge, Massachusetts and London, England: The Belnap Press of Harvard University Press, 2011)，pp. 475-476.）貝氏此書有專章分論以色列、希臘、中國和印度四大古文化，值得參考。就閱覽所及，西方漢學家論及中國軸心時代有無「超越」者，Heiner Roetz取肯定立場(見*Confucian Ethics of the Axial Age, A Reconstruction under the Aspect of the Breakthrough toward Postconventi onal Thinking*（Albany: State University of New York Press, 1993），esp. pp. 272-274）；Mark Elvin則取否定的立場。(見"Was There a Transcendental Breakthrough in China?" in S.N. Eisenstadt, ed., *The Origin and Diversity of Axial Age Civilizations*, pp. 325-359.）

4 見 Talcott Parsons, "'The Intelletual': A Social Role Category," in Philip Rieff, ed., *On Intellectuals: Theoretical Studies, Case studies*（Garden City, N.Y.: Doubleday Anchor, 1970），p. 7.

5 見 Benjamin I. Schwartz, "Transcendence in Ancient China," *Daedalus* 104: 2, p. 60.

一或許就是，中國在軸心時期及其後都一直凸顯出歷史的連續性。「突破」是出現了，但是並非與突破前的傳統完全斷裂。另一種方法就是研究現實世界和超越世界之間的關係。

現在，讓我先用幾句話對中國的軸心突破做一極簡略的概括。帕森斯(Talcott Parsons, 1902-1979)指出，希臘軸心突破針對的是荷馬諸神的世界，以色列則針對《舊約》和摩西故事。但中國突破發生的背景又是什麼呢？他對此未置一詞。我的簡單答案是：三代(夏、商、周)的禮樂傳統。禮樂傳統從夏代以來就體現在統治階層的生活方式之中。孔子有關夏商周禮樂傳統以因襲為主、略有損益的名言(《論語・為政》)，似乎考古學界每一次大發現都對此點有所證實，至少就商周兩代而言確是如此。

然而，到了孔子所生活的時代，古代的禮樂秩序已瀕於徹底崩壞。這種情況在孔子對當時那些違反禮樂秩序基本準則的貴族的嚴厲譴責中得到清楚的反映。魏爾(Eric Weil, 1904-1977)曾提出一個有趣的觀察：在歷史上，崩壞經常先於突破而出現[6]。春秋時代的禮壞樂崩恰好為魏爾的觀察提供了一個典型的例子。我斷定，正是由於政治、社會制度的普遍崩壞，特別是禮樂傳統的崩壞，才引致軸心突破在中國的出現。

為了證實這一看法，我要先追溯一下古代禮樂傳統的變遷，然後再分別說明中國軸心時代三家主要思想流派——儒家、墨家、道家——的突破和此一變遷之間的關聯。限於篇幅，我只能各

---

6 Eric Weil, "What is a Breakthrough in History?" *Daedalus* 104: 2, pp. 21-36.

舉其要，不能詳述。

從古代禮樂傳統的變遷論儒家的軸心突破

不必說，孔子是在古代中國不斷演化、不斷持續的禮樂傳統中成長起來的。據傳說，他十多歲時就深好禮樂，並且終身都熱切、刻苦地研習禮樂。三十四歲時，他已是魯國出名的禮樂專家，魯國貴族爲了「禮」的問題時常要向他求教。他對周代早期禮樂秩序的仰慕是十分眞摯的，並且往往予以或多或少的理想化；他還在言談之間常常流露出他將終身奉獻於周代禮樂的更新。不過，如果把他說成是僅僅「從周」而「以能繼文王周公之業爲職志」，則至少有誤導之嫌。如果我們肯定孔子爲軸心時代的一位聖人，那麼便有必要弄清楚：究竟在何種確切的意義上，孔子的主要創見構成了禮樂傳統的突破？因爲他的創見並不是憑空而來，而是從禮樂傳統的內部醞釀出來的。正是在這一點上，我發現韋伯關於亞洲各大宗教起源所做的社會—歷史觀察對此處的討論頗有照明的作用。下面這段話與中國尤其有關：

> 我們在此必須確定一個具有根本重要性的事實，即亞洲各大宗教教義都是知識人創造的。……在中國，儒家的創始人孔子及其信徒，還有通常視作道家創始人的老子，他們或者是受過古典教育的官吏，或者是經過相應訓練的哲學家。……這些群體都是倫理或救贖

> 學說的承負者。而知識階層在既成的宗教局面下，往往形成一個可與柏拉圖之學院和相關的希臘哲學學派相比擬的學術活動。在那種情況下，這個知識階層就會和那些希臘學派一樣，對於既存的宗教實踐不採取官方的立場。他們經常對現存宗教實踐或者採取不加聞問的態度，或者從哲學角度加以重新闡釋，但不是從中抽身而出。[7]

韋伯從比較文化史的觀點所概括出來的宏觀景像和中國古代軸心突破的軌跡恰可互相印證。我們只要將韋伯的概括稍作調整，便可以說：孔子對於當時禮樂實踐的態度是「從哲學角度加以重新解釋，而不是從中抽身而出」。我的調整主要是用「禮樂」替代韋伯原文中的「宗教」。我這樣做，並不是否定或忽視中國古代禮樂傳統中的宗教向度，而是因爲中國「禮樂」的概念遠比西方的「宗教」一詞更爲複雜而廣闊。不但如此，「禮樂」自三代以至孔子，中間又經過了不少變化，如果不稍作歷史的追溯，則中國軸心突破的文化背景仍不能清楚呈現出來。所以在正式論及孔子的突破之前，有必要回顧一下孔子以前的大致情況(按：「禮樂」在古籍中往往簡稱之爲「禮」，因此下文這兩個名詞常有互用的機會。特先聲明，以免誤會)。

這裡當然無法詳論禮樂的緣起及其流變，但爲了澄清「禮樂」和「宗教」兩個概念之間的異

---

7 Max Weber, *Economy and Society*, edited by Guenther Roth and Claus Wittich (University of California Press, 1978), vol. 1, pp. 502-503.

同，我不得不執簡馭繁，概括一下我個人的認識。《說文．示部》：「禮，履也，所以事神致福也。」《史記．封禪書》引《周官》曰：「冬日至，祀天於南郊，迎長日之至；夏日至，祭地祇。皆用樂舞，而神乃可得而禮也。」瀧川龜太郎指出：這是《周禮．春官．大司樂》中一段文字的簡括（見《史記會注考證》卷二十八），其說可信。據這兩條記載，禮以「事神」，樂以「禮神」，禮樂的宗教性格於此已顯露無遺。由於禮樂的主要功能在於溝通「天」與「人」，我相信禮樂最早正是以宗教的型態出現於遠古的中國，而且與巫有密切的關聯。關於這一問題，無論在文獻或考古資料上，都不難取證，留待下文再說。但經過長期演進，禮樂逐漸從「天」「人」之際的領域擴展到人際關係的一切方面，終於形成了一整套的宗教—政治—倫理秩序。這是春秋以來經典文本中「禮樂」一詞的最廣義的用法，遠遠超出了西方「宗教」一詞的範疇。但這一最廣義的「禮樂」一般也簡稱為「禮」，如孔子口中的「殷因於夏禮」、「周因於殷禮」（《論語．為政》）即其明證。這是我用「禮樂」兩字取代韋伯原文中「宗教」的主要理由。

禮樂從宗教領域發展為整套的「禮」的秩序，我們通常把這一歷程看作是從「天道」向「人道」的移動。這是一個漫長的歷程，要到春秋時期才發展至成熟階段。但在這一關聯上，我們不能不略提周公「制禮作樂」之說及其歷史意義，因為周公在古代史上的劃時代作用畢竟是不容否認的。《左傳》文公十八年（西元前六〇九）季文子通過太史克之口說：「先君周公制周禮曰：『則以觀德，德以處事，事以度功，功以食民。』」當然，這是後代的追記，並非周公當時的語言。然而魯季文子是周公後代，其「周公制周禮」之說必有來歷。楊伯峻《春秋左傳注》指出，

「則以觀德」之「則」即「道之禮則」之「禮則」（見文公六年條，西元前六二一），其涵義是「以禮則觀人之德」[8]。楊先生的說法得其正解，我願意另舉一更明顯的例子以加強其論證。《左傳》僖公二十七年（西元前六三三）記趙衰語：「禮樂，德之則也。」「禮則」和「德」的關係在這一句話中得到了最明確的表達。

現代學者大致都認爲「德」的觀念最初流行於殷、周之際，而周公則可能是對「德」的思想加以系統化和普遍化的政治家，這在周初文獻中有很清楚的呈露。例如在《書・召誥》中，周公一再告誡成王「不可以不敬德」，並舉夏、殷兩朝因「不敬厥德」而終於失去「天命」爲前車之鑒。所以他最後鄭重叮嚀一句：「王其德之用，祈天永命。」《召誥》所表達的是當時新興王朝的一個新觀念，即此王朝必須靠自己在人事方面不斷努力，積累「德行」，才能繼續保持已得之「天命」，而絕不能再像夏、殷之末期那樣，假定「天命」既已在手，便可以高枕無憂了。《詩・大雅・文王》之「天命靡常」和《書・君奭》之「天不可信」都是此意，不可誤解爲對「天」有所懷疑。相反的，周人，特別是周公，對於「天」的信仰是十分虔誠的。因此《君奭》在「天不可信」一語之後，又記周公說：「我迪（亦作「道」）惟寧（「文」之誤字）王德延，天不

8 楊伯峻，《春秋左傳注》（台北：洪葉，修訂本，一九九三），頁六三四。關於春秋時期「禮」的涵義及其變遷，可參看李源澄〈禮之衍變〉，收在《李源澄著作集》（台北：中央研究院中國文哲研究所，二〇〇八），第二冊，頁七五六—七七二及 Yuri Pines, *Foundations of Confucian Thought, Intellectual Life in the Chunqiu Period, 722-453 B.C.E.* (Honolulu: University of Hawaii Press, 2002)，特別是第三章，chapter 3, pp. 89-104.

庸釋於文王受命。」這正是說明他之輔佐成王，惟恃「德」以延續文王所受之「天命」。那麼「德」又究竟何所指呢？「德」在中國思想史上前後的變化很大，意義也相當複雜，非一言可盡，後文還有機會討論。(見第七章)但在周初《詩》、《書》文本的脈絡中，「德」大致指統治階層的良好行爲或行動，最後導致一個爲「天」所認可的秩序之出現。這裡我想借用傅斯年(一八九六—一九五〇)的一段話來說明周初關於「天命」與「德」的新思想：

> 一切固保天命之方案，皆明言在人事之中。凡求固守天命者，在敬，在明明德，在保乂民，在慎刑，在勤治，在無忘前人艱難，在有賢輔，在遠憸人，在秉遺訓，在察有司，毋康逸，毋酣於酒。事事託命於天，而無一事捨人事而言天，「祈天永命」，而以爲「惟德之用」。[9]

這是傅先生綜合了許多周代文獻所獲得的一個概括，可以放心接受。現在再回過頭來重讀上引《左傳》關於周公制禮的幾句話——「則以觀德，德以處事，事以度功，功以食民」——我們便立即發現這恰恰是關於「禮」的秩序的一種描寫。首句即「禮者德之則」的意思，表示「禮」和「德」是互爲表裡的。但「德」則顯然是「禮」的原動力所在，開發了一系列的「人事」活動，從「事」到

9　傅斯年，《性命古訓辨證》，頁二八七。

「功」，最後歸宿於「食民」；這些活動無疑都可以稱之爲「德行」。楊向奎說：「周公對於禮的加工改造，在於以德行說禮。」這一論斷是很有根據的[10]。

總結地說，周初「德」的觀念的流行，「天道」向「人道」方面移動，確是禮樂史上一個劃時代的變化。其具體的後果之一便是「禮樂」（或簡稱之爲「禮」）從早期「事神」或「禮神」的媒介至春秋時期已擴大爲一套「人道」的秩序，不過這個「人道」秩序則依然被理解爲「天道」的模本。從這個角度看，「禮」作爲一套宗教—政治—倫理的秩序仍然保存了最初的宗教向度。《左傳》文公十五年（西元前六一二）季文子說：「禮以順天，天之道也。」我可以毫不遲疑地說，這一新觀點只有在周公制禮以後才會出現。《左傳》昭公二十五年（西元前五一七）追記子產對「禮」的界說云：

> 夫禮，天之經也，地之義也，民之行也。

這一關於「禮」的看法與上引魯季文子之說顯然是一脈相承而來，不過表達的語言不同而已。宗教史家伊里亞德（Mircea Eliade, 1907-1986）曾提出「禮儀的神聖範式」（“divine models of rituals”）

10 見楊向奎，《宗周社會與禮樂文明》（北京：人民出版社，一九九二），頁三三三。必須指出，楊先生得此論斷的根據和我不一樣，但不妨認作「殊途同歸」。

的觀念，不僅見於初民社會，也往往見於發展得比較高級的文化[11]。我認爲這一觀念也同樣適用於上引季文子和子產所界定的「禮」，即作爲人間秩序它是仿「天道」的範式而創制的。「禮」的終極源頭在「天」，似是周初以下的一般信仰。周公「以德行說禮」，並將重點放在「人事」方面，如「德以處事，事以度功」等語之所示，但「德」作爲一種精神動力也源出於「天」。聞一多（一八九九—一九四六）釋《天問》「夜光何德」之「德」字，引《莊子・天地篇》「物得以生謂之德」及其他相關古語，認爲「德」與「生氣之源」相應[12]。日本小南一郎也據相關的證據，定「德」字爲一種「生命力」，其源泉則在天上。他提出一個有趣的說法，即「天命」和「德」密切相關，上天授「命」於一新王朝，也同時授之以「德」。爲了建立這一論點，他特引西周前期〈史牆盤〉爲證。銘文明言「上帝降懿德」於文王，使他「匍有上下，合受萬邦」，即受「天命」之意。我認爲這條證據是很值得重視的[13]。

以上探討禮樂傳統的變遷，止於西元前六世紀末葉，這是爲了比較精確地呈現出軸心時期的歷史背景。只有直接觸及孔子的精神世界之後，我們才能進一步考察他那獨特的軸心突破是循著

---

11 Mircea Eliade, *The Myth of the Eternal Return* (Princeton, N.J.: Princeton University Press, 2nd printing, 1974), pp. 21-27.

12 聞一多，〈天問釋天〉，收在《聞一多全集》（上海：開明書店，一九四八），第二冊，頁三二八。

13 見小南一郎，〈天命と德〉，刊於《東方學報》（京都市），第六十四冊（一九九二年三月），頁三七—四〇。又作者在文末引《論語・述而》：「天生德於予」，認爲這是古代「德」觀念的一個「殘影」（頁五五），也很有道理。

何種途徑進行並完成的。前面曾引韋伯之說而略作調整，我認爲孔子的禮樂實踐既未採取官方立場，也未從其中抽身而出；相反地，他是在實踐中對禮樂的精神重新賦予一種根本性的哲學闡釋。以下讓我對這一論斷加以說明。

《左傳》昭公七年(西元前五三五)條追記魯大夫孟僖子將死之言：「吾聞將有達者曰孔丘，聖人之後也。(中略)我若獲沒，必屬說與何忌於夫子，使事之，而學禮焉，以定其位。」說與何忌是孟僖子的兩個兒子，他死在昭公二十四年(西元前五一八)，後來何忌(即孟懿子)果然和另一位魯人南宮敬叔同時「師事仲尼」。由此可知孔子在三十四歲時已是魯國最負重名的禮學專家。《史記・孔子世家》引孟僖子的臨終遺言，且有「孔丘年少好禮」一語，可能史源與《左傳》不同，但都與《論語・八佾》「子入太廟，每事問」一章若合符節。這些事蹟都足以證明孔子自早年起便浸潤在禮樂傳統之中。但是在實踐過程中他一方面堅決反對當時諸侯對禮樂的僭越，另一方面也不肯如流俗之只注重禮樂的外在形式而不問其內在意義。這正體現了韋伯所謂「不抽身而出」，也「不採官方立場」的基本精神。更重要的則是他一生都在追問：禮樂的本質是什麼？怎樣才能使禮樂和人生融化成一體？這樣不停地追問下去，孔子終於對禮樂提出了一個劃時代的哲學闡釋，因而也首先打開了中國軸心突破的大門。

孔子所追問的並不是有關禮樂的技術性的枝節問題，而是根本性的大問題。《論語・八佾》：

林放問禮之本。子曰：「大哉問！禮與其奢也，寧儉；喪，與其易也，寧戚。」

這裡問者雖是林放，但「禮之本」必是孔子平時所關心和探究的大問題，因此林放才有此一問。這一推測是有堅強的根據的，《禮記・檀弓上》：

子路曰：「吾聞諸夫子，喪禮與其哀不足而禮有餘也，不若禮不足而哀有餘也；祭禮與其敬不足而禮有餘也，不若禮不足而敬有餘也。」

子路所記孔子關於喪禮的看法與答林放之語完全一致，不過文字有繁簡之異而已；關於祭禮，也是同一原則的應用。可證對於「禮之本」進行哲學性的反思是孔子生平自任的重大使命之一。《論語・八佾》另有一章云：

子夏問曰：「『巧笑倩兮，美目盼兮，素以爲絢兮。』何謂也？」
子曰：「繪事後素。」
曰：「禮後乎？」
子曰：「起予者商也！始可與言《詩》已矣。」

子夏(卜商)從「繪事後素」推論出「禮後」，深得孔子的稱讚，這又證實了他們師弟之間常常討論「禮之本」的問題[14]。一九三八年英人韋利(Arthur Waley, 1889-1966)譯《論語》，在「禮後乎？」句下注云：「(禮)只能以仁爲本」。("[ritual]can only be built upon Goodness.")[15] 仁爲「禮之本」確是孔子儒學系統中一個中心部分，這在中國學術界早已取得共識。韋利此註可謂一語破的。

孔子不斷尋求「禮之本」而歸宿於「仁」，這是古代中國精神史上一件劃時代的大事。從一方面看，它可以說是孔子從哲學角度重新闡釋禮樂實踐的最後完成，但從另一方面看，它也標誌著儒家軸心突破的開端。「禮樂」必須以「仁」爲其精神核心，這是孔子思想的一大綱維，對後來儒學的發展發生了既深且遠的影響；「仁」和「禮」兩端後來分別在孟子和荀子手上獲得系統的發揮。孔子關於「仁」「禮」關係的看法首先表現在下面兩條語錄之中：

> 人而不仁，如禮何？人而不仁，如樂何？(《論語・八佾》)
>
> 禮云禮云，玉帛云乎哉？樂云樂云，鐘鼓云乎哉？(《論語・陽貨》)

---

14 關於「禮之本」的問題，胡適在〈說儒〉一文中有很明銳的分析。見〈說儒〉，收在《胡適全集》(合肥：安徽教育出版社，二〇〇三)第四卷，頁三四—三五、八〇—八一。

15 Arthur Waley, *The Analects of Confucius* (New York: Vintage Books, 1989), p. 96. 按：韋利譯「仁」字爲"Good"或"Goodness."

將以上兩條合起來看，可知他堅信：若無「仁」的精神貫注其中，則一切所謂「禮」與「樂」都只剩下一些無生命、無意義的空洞形式，而作爲傳達工具的禮器和樂器更是與「禮」、「樂」本身毫不相干的東西了。

什麼是「仁」呢？自古以來，對這一問題有無數的解答，這裡不可能展開討論；現在只能就與本節相關涉的部分，略作概括。第一，「仁」之一字雖早已出現，但孔子則是以此字爲中心概念而創建了一套哲學系統；這個系統的個別部分也有少數是前有所承的，然而就整體系統而言，孔子確是「作」者，而不止是「述」者。其所以能達到這一境界，我認爲是由於他一心一意要賦予禮樂以全新的涵義，使內在「仁」的系統和外在「禮」的系統互相配合，絲絲入扣。第二，作爲價值系統，「仁」不但是個人德性(virtues)之首，而且也「統攝諸德」(蔡元培語)。「仁」高據一切個人德性之首，自古至今人無異辭，五常始於「仁」便是明證。正因如此，「仁」的境界最難攀登。孔子自言：「若聖與仁，則吾豈敢？」(《論語．述而》)這是他的眞實感受，並非故作謙語。在弟子之中，他只稱許顏回能「其心三月不違仁」(〈雍也〉)，於子路則說：「不知其仁也」(〈公冶長〉)。不但孔子絕不輕易以「仁」稱許弟子，他的弟子也同樣嚴守著「仁」的最高標準。因此高明如子張，子游說他「爲難能也，然而未仁」，曾子則說：「堂堂乎張也，難與並爲仁矣。」(〈子張〉)至於「仁」之「統攝諸德」，《論語》中也俯拾即是。〈陽貨〉篇載：「子張問仁於孔子。孔子曰：『能行五者於天下爲仁矣。』『請問之。』曰：『恭、寬、信、敏、惠。……』」可知這五項德性都可以「統攝」在「仁」的觀念之下。孔子說：「仁者必有勇，勇者不必有仁。」（〈憲問〉）這是肯定「仁」兼具「勇」的道德品質。再舉一個更有名的例子：孔子對曾參說：「吾道一以貫之。」後者向同門解釋這句話，卻說：「夫子之道忠恕而已矣。」（〈里仁〉）曾子所謂「忠恕」之道，其實即是「仁道」，因此「忠」和「恕」也可以看作「仁」的兩個不同的表現方式[16]。無論是作為個人的最高德性或「統攝諸德」，孔子的「仁」都是和「禮」分不開的。「仁」是「禮之本」，又內在於人之心，則它在個人的德性修養中占據著最重要的位置，是必然的歸趨。所以孔子特別強調：「君子無終食之間違仁，造次必於是，顛沛必於是。」（〈里仁〉）唯有「依於仁」（〈述而〉），個人才能在人倫日用中一舉一動無不合乎「禮」，無論是喪、祭之類的禮儀或其他一切「人事之儀則」（朱熹對於「禮」的界說）。但從另一方面說，孔子也把「禮」（或「禮樂」）看作一個整體的秩序，這在前面已經提到了。作為整體秩序的「禮」需要有一個「一以貫之」的整體精神與之互為表裡，這正好可以解釋「仁」為什麼同時能夠「統攝諸德」。我們可以說，在「統攝諸德」中，「仁」展現了它的整合（integrative）功能。此所以孔子主張「為政以德」和「道之以德，齊之以禮」（〈為政〉），也就是後世常說的「禮治」或「德治」秩序；孟子則直截了當地稱之為「仁政」，更凸顯出「仁」不僅僅是個人德性，而必須同時理解為超越個人的社會德性。

16 關於「忠恕」與「仁」的問題，詳見錢穆，《論語新解》，收在《錢賓四先生全集》，第三冊（台北：聯經出版公司，一九九五），頁一三四。

第三，從《論語》中關於「仁」的修養的討論，我們也可以看出孔子的構想確是針對著「禮」的秩序而特別設計出來的。《論語・顏淵》：「爲仁由己，而由人乎哉？」又〈述而〉：「仁遠乎哉？我欲仁，斯仁至矣。」這兩條都表明「仁」爲個人心中的德性，所以「爲仁」或「欲仁」完全繫於一己的道德意志。但孔子和子貢關於「仁」的一段對話值得全引如下：

子貢曰：「如有博施於民而能濟眾，何如？可謂仁乎？」子曰：「何事於仁！必也聖乎！堯、舜其猶病諸！夫仁者，己欲立而立人，己欲達而達人。能近取譬，可謂仁之方也已。」（〈雍也〉）

子貢之問不但預設「仁」爲社會德性，而且將「仁」的整合功能擴大到極致——「博施濟眾」。孔子的回應雖然也接受了子貢的預設，卻不像弟子那樣陳義過高。他首先指出：「博施濟眾」已超過「仁」，而進入「聖」的領域了。所謂「聖」，指古代在位的「聖王」，如堯、舜。這是因爲只有在位的「聖王」才有分配天下資源的權力，而且即使「聖」如堯、舜也未必能做到完美的境地。但「己欲立而立人，己欲達而達人」以下兩句則在有意無意之間流露出孔子對於如何培養「仁」的具體指示。首先，從「己立立人」、「己達達人」二語可知「仁」不同於個人在靜坐沉思中獨自修養而得的德性；恰好相反，「仁」必須涉及「己」與「人」的關係，因而只能兩個人或兩人以上在日用常行的互動中磨練出來。（「仁」在漢代一般理解爲「相人耦」，見段玉裁

《說文解字注》，經韻樓本，第八篇上，「人」部。）其次，末句「能近取譬，可謂仁之方」，朱熹解「近」字為「近取諸身」（《論語集注》卷三末條）或「施諸己」（《朱子語類》卷三十三）。將「己立立人」、「己達達人」的方法施之於求「仁」者的自身，則和他最近的「人」只能是他的家人如父母兄弟之類。掌握了這一要點，我們才懂得有子為什麼說：「孝弟也者，其為仁之本與！」（〈學而〉）由於「仁」的培養和實踐必然涉及兩人或兩人以上在日用常行中的互動，則「仁」離不開「禮」也是必然之事。理由很簡單：人與人之間的互動不能不通過某種相應的外在形式，這就是所謂「禮」；而且由於人與人之間的關係有種種不同的組合，「禮」因此也隨之而異[17]。

以上就「仁」與「禮」密相配合的部分作了初步澄清，可知孔子從開始便把「仁」當作「禮之本」而提出的，最後則發展出一套「仁」內而「禮」外的儒學系統。所以嚴格地說，「仁」與「禮」在概念上雖可以分開討論，但在實踐中卻無往而不渾然一體。在這一關聯上，讓我們換一個角度，看看孔子對於「禮」的態度。孔子雖然明白承認子夏「禮後」之說，但這絲毫不表示他認為「禮」在日常生活中僅占次要的位置。相反地，他在施教中非常強調「禮」的重要性。首先值得注意的是《論語》自始至終提到「禮」字必將它和「立」字連在一起。這是因為他接受了春

17 關於上引〈雍也〉「博施濟眾」和「立人達人」一章與「仁」、「禮」關係，我在〈試說儒家的整體規劃〉一文中已有較詳的討論，收在我的《宋明理學與政治文化》（台北：允晨文化，二〇〇四），頁三九五—四〇〇。

秋晚期一種流行的說法，即魯大夫孟僖子所謂「禮，人之幹也。無禮，無以立。」（《左傳》昭公七年）下面我特選出《論語》中三條文字來，試作對照：〈泰伯〉：「立於禮」；〈季氏〉：「不學禮，無以立」；〈堯曰〉：「不知禮，無以立也」。第一、第三兩條是對所有人宣說的，第二條則是私下對兒子伯魚（鯉）的教導，可見孔子堅持人必須「立於禮」，無論在人前人後都是一致的。所謂「立」即後世通用的「立身處世」之意。「禮」是人與人之間相處的一套形式，為整個社會提供了一個結構；離開結構，人便無法在社會上立足了。「立於禮」也是「三十而立」（〈為政〉）的正解。孔子「年少好禮」，三十四歲時已成為魯國最負盛名的禮學專家，前面已交代過了。他說這句話，當然是因為在三十歲左右時他對於「禮」已有了比較全面的知識。這樣看來，孔子不但「無終食之間違仁」，而且也「無終食之間違禮」。試讀下面這幾句話：

> 恭而無禮則勞，慎而無禮則葸，勇而無禮則亂，直而無禮則絞。（〈泰伯〉）

「恭」、「慎」、「勇」、「直」都是美德，可一一統攝於「仁」，但是如果不受「禮」的約束，則將向反面發展。可知「禮」若沒有「仁」為其精神內核，固然將流為無生命的空架子，但「仁」若失去「禮」的支撐，則其精神便根本無從顯現。所以我們於此可下一斷語：在孔子的儒學系統中，「禮」是「仁」的載體。

最後，我要引《論語》中一段最著名的議論來總結孔子對於「禮」的看法。〈顏淵〉篇云：

> 顏淵問「仁」。子曰：「『克己復禮』爲仁，一日克己復禮，天下歸仁焉。爲仁由己，而由人乎哉？」顏淵曰：「請問其目。」子曰：「非禮勿視，非禮勿聽，非禮勿言，非禮勿動。」

歷來註家對這一章的爭議很多：何謂「克己」？何謂「復禮」？又何謂「天下歸仁」？幾乎人各爲說，莫衷一是。我們不必進入這類繁瑣的辯論，這裡應該注意的是顏淵問「仁」，而孔子完全從「禮」的一方面作答。如果仿照「人而不仁，如禮何？」（〈八佾〉）的語氣，我們竟可說：「人而無禮，如仁何？」我在上面曾說：「仁」與「禮」在實踐中無往而不渾然一體，在此章獲得最有力的印證。因此我大致同意朱熹的觀察：

> 一於禮之謂仁。只是仁在內，爲人欲所蔽，如一重膜遮了。克去己私，復禮乃見仁。仁、禮非是二物。（《朱子語類》卷四十一）

「一於禮之謂仁」即「仁」、「禮」合一，因爲反過來也可說「一於仁之謂禮」；「仁」與「禮」雖有內外之別，但必須合起來才完整。朱熹把「仁」與「禮」乃一體之兩面的意思表達得十分清楚。我相信這合乎孔子的原始構想。

但〈顏淵〉此章涉及一個考證問題，不能不略作澄清。《左傳》昭公十二年（西元前五三〇）：

> 仲尼曰：「古也有志：『克己復禮，仁也』信善哉！……。」

根據這條記載，則「克己復禮爲仁」是孔子引述古人的話，並非自出心裁[18]。昭公十二年孔子僅二十二歲，當時恐尚不能作此語，即曾有此評論，也不可能有史官筆之於簡，所以「仲尼曰」云云只能是《左傳》作者或後世的人添上去的。《論語》「顏淵問仁」當是孔子晚年的事。爲什麼呢？顏淵死在魯哀公十四年（西元前四八一），比孔子早兩年，「克己復禮」的問答以在師徒相聚最後十年之內爲比較合理[19]。《左傳》所記顯然出於另一史源，其事則應在「顏淵問仁」之前，相去時間或不甚遠。《左傳》成書雖遠在《論語》之後，但「古也有志」之說必有所本，不容忽視[20]。我認爲「克己復禮」說見於「古志」而爲孔子所承用並加發揮，不但不足驚詫，而且還和

18　Arthur Waley 早已注意到這一引語，見 *The Analects of Confucius*, p. 162, note 1. 但他對「克己」的解釋則不可從。

19　關於顏淵卒年的考訂，見錢穆，《先秦諸子繫年》，第二十六篇〈孔鯉顏回卒年考〉，收在《錢賓四先生全集》，第五冊（台北：聯經出版公司，一九九八），頁六〇—六二。

20　楊伯峻，《春秋左傳注》，〈前言〉，頁四一。綜合諸說，推測成書在西元前四〇三至三八九年之間。Burton Watson在《左傳》選譯的〈導論〉中，引日本學者的說法，則斷爲西元前三二〇年左右。見他的 *The Tso Chuan: Selections from China's Oldest Narrative History* (New York: Columbia University Press, 1989), p. xv, note 4. 至於《論語》的編著年代，楊伯峻與日本學者山下寅次所得結論則基本上是一致的，即在西元前四七九（孔子卒年）與四〇〇（子思卒年）之間。見楊伯峻，《論語譯注》（北京：中華書局，一九六二），頁六，註二。

他在《論語》中的自我描述頗多相合之處。最明顯的是〈述而〉篇，如「述而不作，信而好古」；「我非生而知之者，好古，敏以求之者也」；「蓋有不知而作之者，我無是也。多聞，擇其善者而從之；多見而識之；知之次也」。這便是孟子所說的，「孔子之謂集大成。」（《孟子・萬章下》）

在結束關於儒家的討論之前，我要從軸心突破的角度闡釋孔子在先秦思想起源上的特殊地位。在本節之始，我已著重地指出，中國古代軸心突破的獨特歷史背景是三代以下的禮樂傳統。爲了進一步展示這一源遠流長的傳統怎樣導致軸心突破，我對禮樂演變的歷程作了一次宏觀的概括。在這一歷程中，有兩個劃時代的大變動，這在古史學界已成一種共識。第一次變動大約起於殷、周之際，至「周公制周禮」而告一段落；其最顯著的特色是「德」的觀念成爲「禮」的核心。「德」主要指受「天命」的王朝用人爲的「德行」，如保民、勤治、愼刑、秉遺訓等等，建立並維持一個「禮治」的秩序，以期得到「天」的嘉許而延長「天命」。這對以前「事神致福」的「禮」而言，是一重大突破；統治王朝不再能僅靠與「上帝」（或「天」）溝通便可長期保有「天命」了。

第二次劃時代的變動起於春秋晚期，而完成在孔子的身上；其最顯著的特色則是以「仁」與「禮」在實踐中交互作用、交互約制，構成一體的兩面。現在我們必須進一步追問的是：孔子以「仁」說「禮」在中國古代禮樂史上究竟體現了何種創闢性的意義和精神，終於取代了周公以「德行」說「禮」的舊傳統？周公和孔子爲古代兩大「聖人」，這是兩千多年來的傳統定論。周公和孔子分別在「制禮」方面有劃時代的貢獻，現代學者也進行了專題研究，王國維〈殷周制度論〉和胡適〈說儒〉即其著例。所以繼起的研究者綜論古代「禮樂文明」也承認西周初期以「德」爲「核心」，春秋末期則轉而以「仁」爲「核心」[21]。到此處爲止，我的看法和傳統定論以及現代研究大致都是相通的。但接下來我從軸心突破的特殊角度來闡明孔子以「仁」說「禮」的歷史意義，則是一個新的嘗試。

上面已展示，周公以「德」爲核心而建立的「禮」的秩序，其目的在於爭取周王朝的「天命」得以不斷延續。在第一章〈引論〉中，我曾引過〈泰誓〉「天視自我民視，天聽自我民聽」的話，這也是殷周之際的流行觀念，與「德」的意識密切相關。當時的理論可以極其簡略地概括於下：「天」將「命」託付於一個新王朝之後，並不從此袖手不問；相反的，「天」隨時隨地都在注視著「民」的動向。如果受「命」王朝努力工作，建立起一個使「民」滿意的「禮」治秩序，這便證明它「敬德」，因而可以繼續保有「天命」。反之，它將失去「天命」，即所謂「惟不敬厥德，乃早墜厥命」（〈召誥〉）。從這一概括，我們可以獲得兩點基本認識：一、無論就「天命」、「德」或「禮」而言，周公的終極關懷都落在集體的王朝上面，即使有時涉及個人的名號（如〈君奭〉之「文王受命」、「成湯既受命」），那也是因爲他代表了王朝的集體。二、

21 見楊向奎，《宗周社會與禮樂文明》，頁三七五。關於孔子在軸心突破中的歷史作用與地位，西方學人論述甚多。但與本節考論可以互相參證的則有以下兩家：Heiner Roetz, *Confucian Ethics of the Axial Age*, chapter 10, pp. 119-148, and pp. 270-271; Robert N. Bellah, *Religion in Human Evolution*, pp. 409-423.

「天命」、「德」和「禮」無一不出於「天」的規定。統治王朝「敬德」、「恤民」，建立一個「禮」治秩序，因而收到「祈天永命」的效果；這一切都是遵循「天」的規定而行。所以「禮以順天，天之道也」和「夫禮，天之經也，地之義也，民之行也」，仍是春秋時期的流行說法；「禮」作爲人間秩序（或「人道」）基本上是被視作「天道」的模本。

只有在周公以「德」說「禮」的對照之下，我們才能眞正懂得孔子以「仁」說「禮」何以必須理解爲軸心時代的思想（或哲學）突破。換句話說，上面所說的禮樂史上第二次劃時代變動遠比第一次更爲重要。周公「制禮」，更新了夏、殷以來的禮樂傳統，誠然是一大變動，但終極關懷則仍沿而未改，即王朝的「天命」問題。孔子以「仁」說「禮」則根本脫出了王朝「天命」的舊軌道。他重新尋找「禮之本」，不外向天地而內向人心，最後歸宿於「仁」。以孔子的「仁」與周公的「德」相比，差異極其顯著：「仁」在個體的內心，「德」則屬於集體的王朝；不但如此，「仁」主要出於個人的意志（「爲仁由己」），「德」則受「天」的制約（「上帝降懿德」）。《論語》中提到「天命」的只有兩處：一是指他自己而言，「吾……五十而知天命」（〈爲政〉），另一處則分別指「君子」和「小人」，前者「畏天命」，後者「不知天命而不畏」（〈季氏〉），也是講個人與「天命」的關係。至於與集體王朝有關的「天命」，孔子究竟有沒有論述過，我們找不到任何記載。應該指出的是，孔子所處的地位和時代都和周公大不相同。以地位言，他不是周王朝中的一員，對於「天命」能否延續並無任何責任，也無能爲力；以時代言，春秋是所謂「天下無道，則禮樂征伐自諸侯出」（《論語・季氏》）的時代，因此西元前六三二年竟發生了晉文公召周襄王會於河陽的著名事件。孔子「以臣召君，不可以訓，故書曰：『天王狩于河陽』」（見《左傳》僖公二十八年），表示他仍承認周襄王為「天王」。但他是不是相信周室繼續擁有「天命」則大有討論的餘地。從「其或繼周者」（〈為政〉）的語氣看來，即使他有此信念，恐怕也不很堅定。有這兩重原因，孔子的終極關懷不在集體王朝的「天命」，是不足詫異的。

孔子仍然關懷作為整體（宗教—政治—倫理）秩序的「禮」，所以提出「道之以德，齊之以禮」（〈為政〉）的積極改革方案；合理的「禮」治秩序便是他所嚮往的「天下有道」。但是和周公不同，在重建「禮」治秩序的努力中，他不乞靈於集體的「天命」，而訴諸所有個體的「仁心」，上自王、侯，下至士、庶，無所不包。他一生「學道不倦，誨人不厭」（《史記．孔子世家》），而「誨人」又出之以「有教無類」的方式，也同樣是為了激發和培育個人的「仁」的意識。這裡我們看到，孔子在脫出周公關於王朝「天命」的集體關懷之後，怎樣開闢了一個嶄新的精神領域。春秋晚期已是所謂「天子失官，官學在四夷」的局面（《左傳》昭公十七年引孔子語），無論是「學」或是「禮」都已散在四方、下及庶民，不再是王室貴族所能獨占的了。孔子在這一文化狀態下從事長期的教學活動，經過弟子們輾轉傳布天下，於是諸子學派相繼興起，系統的思想史便正式登場了。總結地說，孔子及其所創立的儒家和周初以來的禮樂傳統之間存在著既「推陳」又「出新」的雙重關係。就「推陳」而言，孔子和儒家的思想都是從禮樂傳統之內發展出來的；正如上引韋伯所云，他們對此傳統「從哲學角度加以重新闡釋」，二者之間有一脈相承之處是不容忽視的。但就「出新」而言，由於春秋晚期的歷史情況與西周初年已完全不同，他們最後不能不從以王朝「天命」爲終極關懷的傳統中破繭而出，另闢了一條個人本位的「仁禮一體」的新路。從這一特定的意義上說，「道術爲天下裂」這一驚天動地的變動正是從儒家開始的。中國古代的「道術爲天下裂」和西方現代的「軸心突破」是兩個異名同實的概念，在比較思想史或哲學史的研究上恰好可以交互闡釋，這眞不禁使人感到一種天造地設之巧。這樣看來，肯定孔子爲中國軸心突破的第一位哲人，沒有一絲一毫牽強附會的嫌疑。宋代無名作者曾留下「天不生仲尼，萬古如長夜」兩句名詩，所傳達的便是「軸心突破」的意思。

墨家的突破

爲了使有關軸心時代的討論更加完整，我們現在就轉向墨家和道家。在此，我們唯一的目的乃是找出禮樂傳統在兩家主要觀點形成過程中所起的作用。然而，由於墨、道兩家的突破發生在儒家之後頗久，因此，他們不僅針對著禮樂傳統本身，同時也對儒家的重新闡釋做出了反應。

很久以來，人們就已經認識到，墨家的觀點始於對禮樂傳統的否定性回應。墨子對同時代儒家禮樂實踐的激烈攻擊，也表明他不滿意孔子的重新闡釋。早至西元前二世紀，如果不是更早的話，《莊子・天下》的作者就這樣形容墨子：

（墨子）作爲非樂，命之曰節用，生不歌，死無服。……不與先王同，毀古之禮樂。

類似的記載也見於西元前二世紀的《淮南子》：

墨子學儒者之業，受孔子之術，以爲其禮煩擾而不悦，厚葬靡財而貧民，服生而害事，故背周道而用夏政。（《淮南子・要略》）

應該注意到，上引的兩位作者都是道家，而非儒家，他們對墨家的整體描述幾乎一致；這是比較客觀的看法，不可疑爲論敵的有意歪曲。更爲重要的是，這些看法都可以由公認爲《墨子》中可靠的早期作品得到完全的證明。由此，我們說，墨子的突破也是在禮崩樂壞的歷史背景下發生的，應該大致不差。

我們的下一個問題是：墨子是否完全脫離了禮樂傳統呢？還是他也試圖重新闡釋禮樂傳統呢？

我想首先要說清楚，墨子確實對當時統治階層禮樂實踐中所表現的過度奢侈的生活風格大加抨擊，但是，他並沒有徹底拋棄古代的禮樂傳統。假若我們想進一步分疏，那麼可以說，與對禮相比，他可能對樂的作用持更爲基本的否定態度。情況之所以如此，我相信並不僅僅如當代學者正確注意到的那樣，乃是由於他持功利主義的立場，似乎還和他意欲建立的新宗教有關。他心目中的新宗教雖大體仍依古代模式，但卻強調要消除掉其中「巫」的成分。《墨子．非樂上》云：

是故子墨子曰：為樂非也。何以知其然也？曰：先王之書《湯之官刑》有之，曰：其恆舞于宮，是謂巫風。

晚出古文《尚書．伊訓》篇也引了這幾句話，文字小異如下：

敢有恆舞于宮，酣歌于室，時謂巫風。

偽孔傳注「巫」曰：「事鬼神曰巫。」可證此處「巫」即指巫師而言。墨子所批評的「巫風」，似已盛行於商代。今商代卜辭中凡求雨之祭常用樂舞，其「舞」字象兩袖舞形，與《說文》解「巫」字恰相合（「以舞降神」）。陳夢家（一九一一—一九六六）也引《墨子．非樂上》之文，而斷定「巫之所事乃舞號以降神求雨」[22]。墨子「突破」的禮樂背景，在此已得到證實。

墨子不滿於孔子所做的重新闡釋，顯然源於這樣一個事實：在他看來，孔子實際上仍然維護周代發展起來的一切現存禮樂，而未作任何有意義的改革。而墨子則以徹底改造禮樂為自己的神

22 見陳夢家，《殷墟卜辭綜述》（北京：科學出版社，一九五六），頁五九九—六〇三。

聖使命。他並沒有整個拋棄夏商周三代的禮樂傳統，而是用據他說是古代先王所認可的原初簡潔性來重新闡釋這個傳統。無疑，他認爲後代，尤其是東周時期，「禮」日趨複雜繁縟，並不是進步，而是墮落。上引《淮南子》「背周道而用夏政」，的確包含著一定道理。墨子在和一位名叫公孟的儒者爭論時，也批評他「法周而不法夏」。（《墨子．公孟》）諸如此類的說法引導某些注釋家推測墨子宣導的爲父母行三月之喪實際上乃是夏禮。不過，倘若考慮到甚至連孔子對夏禮也早已不敢確說（《論語．八佾》），則墨子是否對之能有詳盡的認識，是很可懷疑的。我們可以相對肯定地說，墨子傾向於假借古代聖王——包括夏禹——的名義，提出他自己對於「禮」的革新。

至於就禮樂傳統而言，墨子大致是寧取早先之簡樸而捨其後來之繁縟的。但是，說他反對周代所代表的一切東西，則顯然是不正確的，他對於周初文、武二王仍然很尊敬。此外，他同孔子一樣，認爲古之聖典如《詩》、《書》極爲重要，然而，卻有一點根本區別：對於孔子以及後來的儒家來說，「詩書」與「禮樂」是密不可分的，前者體現在後者之中，而墨子則認爲，這些字詞的精神已經在禮樂的墮退過程中失落了。由此，他說道：

> 古之聖王欲傳其道於後世，是故書之竹帛，鏤之金石，傳遺後世子孫，欲後世子孫法之也。今聞先王之遺而不爲，是廢先王之傳也。（《墨子．貴義》）

這樣，我們就可以看到，在墨家的突破中，一如在儒家的突破中，並沒有出現過傳統的徹底斷裂。

道家的突破

道家的突破極有可能發生在西元前四世紀晚期至西元前三世紀早期。我完全意識到，現代學術界關於道家文獻，尤其是《道德經》的作者和時代眾說紛紜，爭吵未休。我也同意胡適的意見，「道家」作爲一個學派的名稱在先秦時期尚未成立。不過，這裡不是涉及這些問題的地方。我在下面只論及後世所謂「道家」的一些主要觀念而年代明顯晚於孔子者。有一則古老的傳說：老子是當時突出的「禮」的專家，孔子曾向其問「禮」。（《史記・老子韓非列傳》）這裡似乎隱含著某種暗示，即在古代禮樂傳統和道家學說的起源之間存在著某種關聯。我們在《道德經》三十八章中找到一段關於「禮」的很有趣的討論，生動地展現了作者對禮樂傳統的態度，其文如下：

> 故失道而後德，失德而後仁，失仁而後義，失義而後禮，夫禮者，忠信之薄而亂之首也。

這裡描寫的是「道」的原始淳樸性逐步衰退的過程。從「失道」開始，這段話中所列舉的每一步都是對原始精神的偏離。這種精神在《老子》中是「樸」，在《莊子》中是「混沌」。同時，每一步又正是走向墮落，而我們現在則把這一墮落看作是人類文明或文化的進展。從這個角度理解，諸如老、莊等道家確實可比擬作西方稱爲尚古主義(primitivist)的思想傳統。事實上，早期道家不僅是年代上的尚古主義者，相信人類最早的階段才是最好的，而且還是文化上的尚古主義者，相信文明制度不但不是自然狀態的改進，而是對自然狀態的汙染和毀滅，而人類只有在自然狀態中才能找到完全徹底的幸福與自由。

對這位道家作者而言，「禮」的興起也就意味著原初精神衰退到了極點，因此是「亂之首」。我們還必須將此段文字解讀成對儒學的間接批判，因爲「仁」、「義」是儒學的兩個特徵，正如「道」、「德」之於道家學說。解讀此段文字有兩種方法：從前往後讀是對「墮落」(fall，我只是爲了方便才借用了基督教術語)過程的描述，認爲儒家對「禮」的興起負有直接責任；從後往前讀則是「救贖」(salvation，再次借用基督教術語)的歷程，而儒學又沒有爲我們提供最終的息止之地。我們一定要返回太初之「道」。這兩種釋讀方法或多或少地得到了《老子》兩個版本的支持：一是標準本《道德經》，《道經》(三十七章)先於《德經》(四十四章)；一或許可稱《德道經》，次序正好相反。我們過去只能基本依靠韓非的《解老》作爲後者存在的證據，現在則由馬王堆所出兩件帛書進一步證實了。所以，倘若我們取《德道經》本，則上引段落正出現在《德經》首章，表明老子的文本也正是以禮樂傳統爲其出發點的。

甚至更爲重要的是，《老子》中僅有暗示的「救贖」歷程，卻進一步在《莊子》中獲得明確表述。莊子在關於「坐忘」（〈大宗師〉）的一段著名文字中，在三個地方虛構了孔子和他最得意的弟子顏回的三段對話。某日，顏回告訴孔子：「回益矣」，解釋道，「回忘仁義矣。」孔子曰：「可矣，猶未也。」另一天，師生再次相會，顏回又稟告孔子「回益矣」，不過這次是「回忘禮樂矣」，孔子的回答還是：「可矣，猶未也。」兩人對話的高潮最終在第三次見面時出現了。顏回描述其精神進程（「益」）曰：「回坐忘矣。」孔子「蹴然」問道：「何謂坐忘？」顏回答曰：「墮肢體，黜聰明，離形去知，同於大通。此謂坐忘。」孔子至此徹底信服了顏回對「道」的體認，乃曰：「而果其賢乎！丘也請從而後也。」（按：《淮南子・道應訓》引此段，顏回先忘「禮樂」，次忘「仁義」，恰好與《老子》中的次序完全相反。我相信《淮南子》的次序是〈大宗師〉此段的原來狀態，故下文從之。）

不難看出，這是《老子》所見「墮落」過程的逆反。莊子在此告訴我們如何從現在的「墮落」狀態回歸到「道」：第一步忘禮樂，第二步忘仁義，只有這樣才能回歸大道。但是，莊子的「道」存身於感覺和一般理性無法接觸的領域之中，因此，人在追求與「道」合一時，必須「忘卻」賴以獲得有關此世確定知識的方法。然而，在我看來，這兩步導向「道」的「忘」並不能省略或越過其中之一。

在此必須記住道家的方法乃是「得魚忘筌」，「得意忘言」（《莊子・外物》）。但是在捕得魚之前，畢竟還是要用筌的。莊子在這個方面是先維根斯坦(Ludwig Wittgenstein, 1889-1951)而發了，當然，後者以爲這是「無關緊要之事」（"a matter of indifference"）。維根斯坦在《邏輯哲學論》（*Tractatus Logico-Philosophicus*）裡談到自己的命題，提出可將它們視作登上高處的階梯：「他必須，這麼說吧，爬上去後丟掉梯子。」他更進一步向我們保證：「他必須忘卻這些命題，然後將會正確恰當地看世界。」莊子大概也會說出類似的話，其精神恰相一致：「他必須先忘卻禮、樂，其次忘卻仁、義，然後才會與道漸成一體。」

我們在本章中討論了三大哲學學派與軸心突破的關係，其中道家的突破或許最爲激進。這種激進態度尤其反映在兩個顯著的特徵之中。第一個特徵是對整個禮樂傳統持否定的立場，其前提是對人類文明持更爲基本的否定態度；第二個特徵是，現實世界與超越世界在道家觀點裡比起在其他任何哲學派別中更劇烈地分離開來。換句話說，我們可以講，早期道家，尤其是莊子竭力向我們人類表示，在我們通過感官和智力所了解到的現實世界之上，還存在著一個更高的精神世界。不必說，這個精神眞實實際上就是「道」的世界。

我們在前面已經討論過道家對禮樂傳統所持的否定態度，現在，我們來看一下道家所區分的兩個世界。我在此還想引用莊子虛構的孔子和另一位弟子子貢的對話，以說明這個問題。故事同樣始於莊子否定「禮」的觀點。孔子有一次命子貢前去參加道家朋友桑戶的葬禮，子貢驚奇地發現兩位道家竟臨屍鼓琴而歌。子貢探問此係何禮？只引得兩人相視而笑，批評子貢完全不懂「禮意」。子貢返，以告孔子。子曰：

彼游方之外者也。而丘游方之內者也。外內不相及。而丘使女往弔之，丘則陋矣。彼方且與造物者爲人，而游乎天地之一氣。……芒然彷徨乎塵垢之外，逍遙乎無爲之業。彼又惡能憒憒然爲世俗之禮，以觀眾人之耳目哉！（《莊子．大宗師》）

「游方外」和「游方內」後世簡化爲「方外」和「方內」，成爲宗教社團和世俗社會各自的標籤。就我所知，這是中國本土區分一般稱爲「彼世」和「此世」最早、最清楚的表述。柏拉圖一直被稱作「西方彼世思想之父」，主要由於他關於「好之理型」（"Idea of the Good"）的觀點。「好之理型」代表著「彼世」的最完美、也最高的精神境界，那些發現了「好之理型」的人便「不願料理人的事務，他們的心靈渴望將全部時間奉獻給上面的世界」（*Republic*, 517c-d）。這正是莊子所說的：「相造乎道者，無事而生定（「定」讀爲「足」）。」（《莊子．大宗師》）藐姑射之山上那個完滿自足的「神人」也清楚地說明了這一點：「世乎亂，孰弊弊焉以天下爲事！」（《莊子．逍遙遊》）我們絕不能將莊子的高層「道」領域誤爲自然界，因爲它不在任何物理空間之內，也不能將之等同於某種宗教意義裡的天堂生活，因爲這種天堂有時只不過是此世的延長，僅僅略去了此世的痛苦和挫敗而已。相反地，「道」是看不見的永恆世界，要在較高級的王國中才可以發現：「與低級王國不僅在級別、細節上不同，而且在本質上不同。」

我自然不是說，莊子是軸心時代中唯一對這個高級精神領域有慧照的思想家。孔子、顏回、孟子也都時時對這一領域有所論說和描述，儘管孔子之「道」與莊子之「道」相當不同。我只想說，這種分野在莊子的著作中，比起在其他任何地方，得到了更系統化、更尖銳的表現。不過，他的激進、他對此世的負面態度，斷斷不是完全徹底的。他沒有宣稱要完全遁離此世，在彼世永恆憩息。他自己未曾放棄此世。正如日後門徒所說：「獨與天地精神往來，而不敖倪於萬物，不譴是非，以與世俗處。」（《莊子・天下》）他甚至還強調「禮意」，「臨屍而歌」也還是一種「喪禮」。所以莊子本人也有妻死「鼓盆而歌」的傳說（《莊子・至樂》）。莊子和道家也依然是對禮樂傳統作了新的解釋，而不是從這一傳統中全部退出。我們如何理解這半吊子的救贖呢？關於這個問題，沒有簡單的答案。雖然如此，我在道家魚─筌類比的啓發下，想大膽提出一個具體的猜想：情況或許是，莊子非常需要此世來作爲階梯，只有如此他才能攀上更高一層的「道」的王國。襲用維根斯坦的說法，他必須忘卻此世，然後才會看到彼世。

現在讓我們來總結一下。道家的突破之所以獨特，乃是由於它不僅近乎徹底地與禮樂傳統決裂，還因爲它在中國的語境下，在現實世界和超越世界之間做出了鮮明的分判。特別是莊子，更一直是中國原有的精神傳統中關於彼世思想的主要資源。眾所周知，莊子的彼世思想後來被外來的印度佛教的更強烈的彼世觀念掩去了它的光彩。但是，這個事實同樣重要，莊子的思想使中國在佛教入華時就已做好了接受其彼世學說的準備。比如魏晉新道家進一步發揮了他「忘」的觀念，就幫助了支遁(三一四─三六六)將般若般羅密多(Prajñaparamita)比附爲超越智慧，至人可借此證得「本無」（《出三藏記集・大小品對比要鈔序》）。道家觀點中將中國的軸心突破推到了極限，這樣說毫不誇張。然而，兩個世界在道家的觀點裡與其說是一刀兩斷般截然分開的，還不如說是相互糾纏的。在這一點上，若是從比較眼光觀看，道家的「突破」仍然不曾跳出中國「內向超越」(inward transcendence)的格局之外[23]。

23 關於「內向超越」，詳見第七章。

第三章
天人關係的新轉向

透過孔子、墨子、老子和莊子的核心觀點以呈現中國軸心突破的要點後，現在我們有了更穩固的基礎，可以進一步探索「天人合一」作爲一個哲學命題的發展。我們可能會想起，至遲在西周初，隨著天命概念的興起以及「民之聲，神之聲」中國版本的同時出現，王所壟斷的與天交通的權力已大幅削弱。天或上帝開始「視自我民視」，「聽自我民聽」。在某種意義上，天與集體人群間直接交通的管道多少得以重建。但在孔子之前，我們並未發現任何證據足以顯示，作爲個別的人，也能直接與天交通。軸心突破最重要的歷史意義正在於此：至少在理論與原則的層次上，這場突破推倒了自遠古「絕地天通」以來便一直存在的種種政治的與宗教的障礙；正是由於這些障礙，作爲個體的人才不能自由地與天交通。

在本章中，我將從比較文化史的角度對天人關係的新轉向提出一個整體性的觀察。從比較的觀點看，軸心時期突破性的精神發展並非中國所獨有。事實上，軸心突破是古代世界的普遍現象。雅斯培對軸心突破的特色有下面一段概括，值得徵引：

> 初次有了哲學家。人作爲個人敢於依靠自己。中國的隱士與游士（按：「隱士」指老子、莊子、列子；「游士」則指周遊列國的孔子、墨子）、印度的苦行者、希臘的哲學家、以色列的先知，無論彼此信仰、思想內容與內在稟性差異有多大，都屬於同一類的人。人證明自己能夠在內心中與整個宇宙相照映。他從自己的生命中發現了可以將自我提升到超乎個體和世界之上的內在根源。
>
> 人之所以特別爲人的部分(the specifically human in man)被肉身所拘束、所掩蓋，被本能所束縛，而且只模糊地意識到其自身。但正是這個部分渴望解放和救贖，而且已能在世上達成這些成就——或者高攀理型（按：指柏拉圖的Ideas），或歸宿於絕對寧靜(ataraxia)，或沉浸於冥想，或認識到宇宙之精神生命即內在於個人的「眞我」(atman)之中（按：指印度教），或對涅槃的體驗，或與「道」融合無間，或臣服於上帝旨意。就信念和教義而言，這些道路分歧很大，但它們的共同之處在於使人超越小我，而進入「己達達人」的境界。這是由於人越來越意識到自身是處於存有的整體之中，也意識到

> 祇能靠個人的自力走這條路。[1]

雅斯培的意見似可歸結爲以下兩點。首先，軸心突破在本質上是個人的精神覺醒和解放。身爲能思考的動物，人們第一次「敢於作爲個人依靠自己」。其次，伴隨著軸心突破，精神上得到覺醒與解放的個人似乎出現了一個需求，想將他在此世的個人存在與「存有的整體」("the whole of being")有意義地聯繫起來。這似乎表示，如果不拘泥於字面意義，「天人合一」其實是一個類同於所有見證軸心突破的古代文明的精神運動，儘管各文明的突破有著極不相同的途徑和內容。

如果我們僅憑哲學家如雅斯培從比較角度所做的觀察，目前的討論的基礎會相當不穩固。非常幸運的是，以上討論的兩點，也在韋伯世界宗教史的研究中得到支持。但這並不讓人吃驚，因爲韋伯與雅斯培極爲相得，雅斯培又非常仰慕韋伯，兩人持論多有相通之處毋寧是很自然的。關於這個突破的個人主義層面，帕森斯曾簡要地撮述韋伯對先知角色的看法：

> 是個人承擔起責任，宣告既有規範秩序中的斷裂，並宣稱這個斷裂在道德上是正當的，他因此在某些重要的地方和既有秩序形成明顯的對立。爲了正當化他對斷裂的支持，先

1 Karl Jaspers, *The Origin and Goal of History*, pp. 3-4.

知必須援引道德權威，這個必要的作法直接引人進入意義與秩序的問題。[2]

應該指出，韋伯有時也在寬泛的意義上提到「先知」（"prophet"），並將之與所謂「倫理教師」（"teachers of ethics"）聯繫起來討論。孔子雖屬於「倫理教師」型，但也具有某些「先知」的成分（參看第五章），而老子則被韋伯認爲「示範型先知」（"exemplary prophet"）[3]。因此，上引帕森斯高度濃縮的重述，能夠同樣適用於古代中國。至於我們討論的第二點——個人對某種「天人合一」之追求，韋伯則將知識階層和知識不高的一般大眾區分開來，認爲前者所追求的「合一」更值得重視。因此他說：

> 知識階層追求的救贖總是奠基於內在需求……知識階層尋求各種方式……賦予其生命一種普遍的意義，並由此實現與自身、他人以及宇宙的合一。知識階層把「世界」設想爲一個關於意義的問題。[4]

2 Talcott Parsons, "Introduction," in Max Weber, *The Sociology of Religion* (Boston: Beacon Press, 1964), pp. xxxiii-xxxiv.

3 Max Weber, *Economy and Society*, vol. 1, pp. 444-446; 448.

4 *Ibid.*, p. 506.

我相信，當我們檢視中國精神史上紛亂、複雜、意義不斷改變的「天人合一」命題時，將這個比較觀點謹記在心是有所幫助的。

從上面的討論可見，天人關係的轉向起源於軸心時代個人的精神覺醒和解放，而且構成了軸心突破的核心部分。我的論斷絕非附會「軸心」之說而勉強湊成；它是從歷史觀察中得來的。事實上，如果完全撇開「軸心突破」之說不用，我們的研究結論也仍然一樣。讓我舉兩個實例作爲具體的說明：第一、劉殿爵（一九二一—二〇一〇）在一九七九年《論語》英譯本的導言中論及「天命」時說：「在孔子時代的唯一發展，是天命不再局限於君主。所有人都受天命的約束，天要人有道德，人也有責任達到天命的要求。」[5] 第二、日本學者小野澤精一在一九七八年的著作中也根據金文研究而得到類似的觀察，他說：

即使作爲處於那種天命信仰範圍的情況，心被當作受入側的主體加以確立，也是劃時代的情況。因此可以說，提出「心」和「德」，就金文來看，立場是前進了。但是，必須說，天命威嚴，在體制中的心本身的自立性，還是缺乏的。那種古代咒術的狀況，作爲前提只存在於周代，到了孔子時，儘管同樣是信仰天命，但可以看到從支撐王朝政治，

5 D.C. Lau tr., *The Analects* (Hong Kong: The Chinese University Press, 1992), p. xxvii.

天降之物向個人方面作爲宿於心中之物的轉換。6

「天命」從以君主爲代表的集體王朝轉移到精神覺醒的個人，這正是軸心突破的重大成就。從此以後，個人便取得了與「天」直接溝通的自由。小野澤精一的論點，尤具豐富的內涵，後面還會提到。這兩家之中，劉氏全據《論語》文本立論，小野澤氏則取證於金文，而所得結論竟不謀而合如此，可知「天命」從王朝的集體本位轉向個人本位確是春秋時期一個重大的變動，其客觀性是不容置疑的。

個人與天命的關係發生了新的變化，個人與「天」的一般關係亦然。孔子曾極有自信地說：「天生德於予，桓魋其如予何？」（《論語・述而》）根據傳統解釋，孔子這段話是爲了回應宋國司馬桓魋打算置他於死地的一則傳言。孔子也說過「知我者，其天乎」（《論語・憲問》），這些陳述說明，作爲個人，孔子有能力直接與「天」交通。在其他學派中也可以發現相似的發展。身爲一個新宗教的創立者，墨子總是熱切地宣揚天的「兼愛」。他的一個論辯認爲，天下之人都向上帝、鬼神獻祭，如果天不愛他們，天爲什麼要接受全天下人的獻祭呢？以下是見於《墨子・天志下》的例證：

6 小野澤精一，〈齊魯の学における気の概念〉，收在小野澤精一、福永光司、山井湧編，《気の思想》（東京都：東京大學出版會，一九七八），頁六四。譯文見李慶譯，《氣的思想》（上海：上海人民出版社，一九九〇），頁六〇。

自古及今，無有遠靈孤夷之國，皆犓豢其牛羊犬彘，絜爲粢盛酒醴，以敬祭祀上帝山川鬼神，以此知兼而食之也。苟兼而食焉，必兼而愛之。譬之若楚越之君，今是楚王食於楚之四境之內，故愛楚之人；越王食於越，故愛越之人。今天兼天下而食焉，我以此知其兼愛天下之人也。

顯然在墨子的觀念中，向天獻祭已不再像自「絕地天通」後禮儀系統規定的，由天子所壟斷了。在〈人間世〉中，莊子假顏淵之口說了以下的話：

然則我內直而外曲，成而上比。內直者，與天爲徒。與天爲徒者，知天子之與己，皆天之所子。（《莊子．人間世》）

莊子以其特有的方式，嘗試傳達一個激進的想法：任何個人透過「內直」——明顯是指「心」與「天」相通，即知自己和人君一樣，同是「天之子」。經由此邏輯上的扭轉，莊子否定了只有人君可號稱「天子」的特權。不用說，作爲天之子的每個個人都能與天交通，只要他們能保持「內直」。在這種子與父關係的交通中，中介角色如王或巫自然變成多餘的。

然而，在突破後，天人合一觀念開始超出原初政治宗教的藩籬而成長。在精神已覺醒並且思想也解放了的個人手中，這個觀念產生許多前軸心時期未曾想像過的新動向。這裡我要重提前引韋伯的一句話：「知識階層尋求各種方式賦予其生命一種普遍的意義，並由此實現與自身、他人以及宇宙的合一。」此句末語英文是"to find unity with himself, with his fellow men and with the cosmos"，意思更清楚。他在此列舉了三個層次的「合一」——與自己合一、與人群合一、與宇宙合一；如下文所示，這三層合一又是互相關聯的。經歷了軸心突破的先秦諸子在這三個層次上都很活躍，姑舉二三顯例，以見梗概。莊子曾說「天地與我並生，而萬物與我爲一」（《莊子・齊物論》）。這是他關於「與宇宙合一」的著名論斷[7]。我們都知道，「與自己合一」是莊子一系思想中最爲精要的所在，因爲他的根本問題之一便是如何才能找到眞正的自我。因此我認爲《莊子》一書中關於「眞人」的描述（如〈大宗師〉與〈刻意〉）最能體現這一層次的「合一」。〈刻意〉篇說：「純素之道，唯神是守；守而勿失，與神爲一。……能體純素，謂之眞人。」這裡所說的「神」即是古代「形」、「神」並舉的「神」。（如《荀子・天論》的「形具而神生」。）意思是說：唯有能守住「神」而且最後達到「與神爲一」的境界，才算是「眞人」。這是莊子「與自己合一」的特色，似無可疑。但莊子雖特重個人精神生命的逍遙自在，卻並未輕忽人群的重要性，〈人間世〉和〈應帝王〉兩篇即其顯證。郭象注〈人間世〉云：「與人群者，不得離人。」這句話揭出了莊子的基本立場，所以〈人間世〉假孔子之口指出「子之事親」和「臣之事君」都

7 馮友蘭認爲惠施「氾愛萬物，天地一體」（《莊子・天下》）也是此意。見馮友蘭，《中國哲學史》（上海：商務印書館，一九三四），上冊，頁二五一。

是「無所逃於天地之間」的。個人既不能「離人」而獨立，那麼某種方式的群體秩序無論如何也不可少。莊子對這一問題的答案即人人皆知的「無爲而治」或「不治之治」（見〈在宥〉篇）。用現代的話說，保證個人自由得到最大限度發揮的秩序才是他「與人群合一」的理想。

接著讓我們稍稍看一下上述三層次的「合一」在儒家的情況。孔子「與宇宙合一」主要體現在他與「天」和「天命」的關係上，前面已討論過了。他論「與自己合一」大致可以「古之學者爲己」和「修己以敬」（均見《論語・憲問》）二語爲代表；前者指「學問」，後者指「德行」，即孔門教法中最重要的兩個項目。所以孔子說：「德之不修，學之不講……是吾憂也。」（〈述而〉）荀子釋「古之學者爲己」云：「君子之學也，以美其身」（《荀子・勸學》），這是正解。不用說，「修己以敬」也同樣是爲了「美其身」。所以我們可以斷定，就孔子而言，「與自己合一」大致相當於今天所謂「道德自我」（“moral self”）的不斷改進。對於「與人群合一」，孔子則留下了一句千古名言：「鳥獸不可與同群，吾非斯人之徒與而誰與？」（《論語・微子》）這句話在中國文化和思想史上發生了深遠的影響，不但爲孟子「人禽之辨」提供了始點，而且儒家人文精神（西方稱之爲“Confucian humanism”）也濫觴於斯。最後讓我再引一段孟子的話以結束關於三層「合一」的討論：

> 盡其心者，知其性也；知其性，則知天矣。存其心，養其性，所以事天也。（《孟子・盡心上》）

我認爲孟子在這裡同時論及「與自己」和「與宇宙」兩層「合一」，並指示了這兩個「合一」的關係。「心」、「性」內在於人，所以「盡心」、「知性」、「存心」、「養性」都指個人的修爲功夫；通過這種功夫，個人最後便可達到「與自己合一」的精神境界。他在同篇（〈盡心上〉）又說：「萬物皆備於我矣。反身而誠，樂莫大焉。」這是描述兩個「合一」完成後的感受（「樂莫大焉」）。其中「反身而誠」一語尤其將「與自己合一」的意思表達得非常清楚。至於「知天」、「事天」則明指「與宇宙合一」，似無可疑。現在我們必須進一步追問：爲什麼「與自己合一」又可以直接通向「與宇宙合一」呢？答案即在他的性善論。他認定「心」有「善端」，此即是人之「性」。此「善端」若能「擴而充之」，便會不斷地發展起來。（詳見〈公孫丑上〉）由此可知「盡心」、「知性」、「存心」、「養性」一系列的修爲功夫也是指「善端」的「擴而充之」而言。但「心」之具有「善端」（或「性善」）又從何而來？他在〈告子上〉論「心之官則思」曾說：「此天之所與我者。」此語完全可以移用到「心」有「善端」上來。換言之，人的心、性的最後源頭在「天」。分析至此，「與自己合一」和「與宇宙合一」之間爲什麼一脈相承，便絲毫不難理解了。上面已引了「反身而誠」一語，現在我要再引孟子討論「誠身」的話來加強我的論證：

> 誠身有道，不明乎善，不誠其身矣。是故誠者，天之道也；思誠者，人之道也。（〈離婁上〉）

這段文字簡明易解，更不待有所詮釋。只要細心體會上面的相關引文及其涵義，我們便會發現：孟子這幾句話可以看作是對前引〈盡心上〉之文的一種解說。「盡心」、「知性」與「存心」、「養性」作爲修爲功夫，即是「誠身」之道；但這屬於人一方面的精神活動，孟子稱之爲「思誠」。（此「思」字當與「心之官則思」之「思」同義。）「盡心」、「知性」何以必歸宿於「知天」？「存心」、「養性」何以必「歸宿」於「事天」？答案便在「誠者，天之道」一語中。「思誠」的修爲達到「反身而誠」的階段時，修爲者便已同時從「人之道」進入了「天之道」。所以「與自己合一」和「與宇宙（『天』）合一」在孟子的思想中是一體貫通的，不能截然分開。關於這一點，劉殿爵的觀察是值得注意的。他在《孟子》英譯的「導言」中說：

> 如此一來，孟子已打破了天人之隔以及天命與人性之間的藩籬。由人心深處有一祕道可以上通於天，而所屬於天者已非外在於人，反而變成是屬於人的最眞實的本性了。[8]

我認爲劉先生在此道破了孟子對於天人關係新轉向的獨特理解。「人心深處有祕道上通於天」是一種形象化的描寫，但卻將內向超越下天人之際的溝通情狀生動而又如實地呈現了出來。

8 D.C. Lau tr., *Mencius* (Harmondsworth: Penguin, 1970), "Introduction," p. 28. 中譯引自胡應章譯，〈英譯《孟子》導論〉，收在《採掇英華》編輯委員會編，《採掇英華：劉殿爵教授論著中譯集》（香港：中文大學出版社，二〇〇四），頁一〇九。

就「天人合一」的命題而言，迄今為止的討論應已顯示：軸心突破標誌了古代中國宗教史和哲學史新紀元的開端。一方面，它終結了神話中長期「絕地天通」的狀態；另一方面，它也向所有「好學深思」的個人(按：即指「士」而言)表明，他們完全有可能純然仰賴自身力量與「彼世」交通。但在後軸心突破時期，「彼世」不再像商周時代一樣，僅僅被視作上帝的天廷，在那裡，先王、先公「在帝左右」。無疑地，這一古老信仰仍然存在，但不再是唯一的、更不是主導性的信仰了。如前所示，即使把孔子思想中的「天」理解為「具有目的的最高存在」(purposeful Supreme Being)，或墨子所持的比較傳統的上帝概念，都和商、周的觀念很不一樣。孟子的「天」在很大程度上具有倫理意義，亦可理解為具道德目的的宇宙；而莊子的「方外」則很可以解釋為形上意義的終極實在。在某些情況下，「道」的觀念和「天」相通，所指的同是軸心突破以後那個獨立的超越世界。這個超越世界也可以稱之為「彼世」("The Other World")，與現實世界(即「此世」"This World")互相照映。我在上面所舉諸例並不是說先秦諸子每人都嚴守一個特定的「彼世」觀念。我只是要說，在軸心時期，先秦各派思想家都在現實世界(「此世」)之上還肯定一個超越世界(「彼世」)的存在，無論他們對此超越的「彼世」作何種解釋。他們還達到了另一共識：作為個人(individuals)，只要他肯努力追求，「彼世」對他永遠是可望而又可及的。

在強調軸心突破劃時代的重要性之時，我們採取了一個非常長程的歷史觀點。如前所述，突破是一個長時段的歷史發展，大致始自孔子而止於孟子、莊子時代，即西元前四紀之末。就我所知，西元前第五、第四世紀是整場突破中最具創造力與原創性的階段。既然如此，我建議把軸心突破看成一連串的小突破，而非單一的歷史事件。這也許是《莊子・天下》的作者特別將「道爲天下裂」和「百家」興起加以聯繫的原因。因此，當我們近距離觀察軸心時期時，「突破」這一描述性詞語便不再如表面所見那般予人劇烈的「突然」感。取而代之，我們看到的是天人合一觀念的緩慢轉型：從早期以王爲天地間唯一聯繫管道的宗教——政治(religio-political)觀念，轉型爲向所有追尋生命意義的個人開放的多樣哲學版本。

第四章 從巫傳統到氣化宇宙論

軸心突破前的「天人合一」觀念和禮樂傳統是密不可分的。想要更精確並具體地理解前述軸心時期的轉型，應當對前儒家傳統(the pre-Confucian tradition)中禮的交通機能(communicative function)有基本認識。必須如此的原因不難理解：交通的問題處於「此世」和「彼世」關係中的核心，無論在前軸心突破或軸心突破時期皆然。

張光直(一九三一—二〇〇一)以商周考古、神話、藝術材料所做的研究，已爲禮之交通機能帶來許多新認識。他的研究成果的下列要點和我此處討論直接相關：

1 商周統治階層菁英普遍相信天乃上帝、神祇、祖先魂靈的居所。祂們共同持有關於人間事務的所有智慧。

2 天之智慧無非就是對事務的預知，因爲神祇、祖靈皆被賦予預言的能力。

3 由於取得天之智慧對政治權威至關緊要，君王遂將與天交通收爲自己獨有的特權。

4 巫師是唯一能夠通天的特殊群體。以此，他們成爲君王最信賴的助手，而君王實際上便是「群巫之長」。

5 神祇、祖靈也可降臨世間與巫師交通。在這種情況中，我們或可將這些巫師視爲被神祇、祖靈所附體。

6 巫師與神祇、祖靈的交通並非隨機發生；這種交通憑藉某些特定儀禮，而且儀式須使用種類繁多的儀式道具。

7 青銅禮器（如鼎）尤爲諸儀式道具中最重要者。以著名的九鼎爲例，即使於周室衰敝、東遷雒邑後，它仍舊是周王室的象徵。

8 禮器上的動物形象亦爲儀式道具的重要構成內容，這是因爲，時人相信某些動物——無論是神話性或眞實存在的——能夠協助巫師溝通天地。[1]

正如以上八項摘要所明白顯示，上古連結「此世」與「彼世」的儀式系統係由巫文化所支配。這無疑帶來一個無法逃避的重要問題：如果中國的「軸心突破」如我先前所論，主要涉及對於禮樂

---

1 K.C. Chang, *Art, Myth and Ritual: The Path to Political Authority in Ancient China* (Cambridge, Mass.: Harvard University Press, 1983), pp. 44-80. 中譯見張光直著，郭淨譯，《美術、神話與祭祀》（瀋陽：遼寧教育出版社，一九八八），第三、四章。

傳統的多種「哲學」詮釋，那麼，巫文化又該如何置入這一圖像中呢？毋庸贅言，這是個極其複雜的課題，而且現代學界迄今亦未就此進行有系統的探討。接下來，我能做的不過是提出一些帶有高度測試性質的解釋。

首先，「軸心突破」也許可以較合理地理解爲巫師（包含「群巫之長」的王）透過儀式壟斷與天交通的終結。這層轉變已蘊含於前述「天人合一」自集體主義轉向個人主義的發展中。精神解放與覺醒的個人不再需要通過巫師作中介來和天交通；他們完全憑藉自己的努力尋求與更高領域的「合一」。我們已看過孔子如何發展仁的概念以爲禮的精神基礎。孔子也曾明確表示，作爲內在之德的「仁」的培養，其終極基礎是所有個人的道德意志。因此禮的溝通機能正蘊藏於個人內心。

不過，孔子言談中僅僅隱含而未明言之處，卻在西元前四世紀興起的一種新宇宙論中明白成形。根據這個新宇宙論，有一股叫做「氣」的原始而又混然爲一的生命力滿布在整個宇宙。「氣」無時無刻不在運動之中，而當其分殊、個體化之後，世間萬物遂得生成。正如《莊子・知北遊》所言：「人之生，氣之聚也。聚則爲生，散則爲死」，整個宇宙可以視作氣的流動。《莊子》此處對於人類生命之見解，也適用於所有其他的事物個體。然而，氣的構造差異極大，從最精純到最粗濁的都有。大概而言，氣可分爲兩類：質輕，通常和天聯想在一起的清氣；質重，通常和地聯想在一起的濁氣。劉殿爵曾說，人「是兩種氣的和諧混融，身體由濁氣構成，心則是清氣之所在。」

正是在氣化宇宙論的基礎上，不同流派的思想家發展出自己關於「天人合一」的新觀點，希望能藉此取代既有的巫文化詮釋。且讓我舉兩個例子。第一例是孟子對公孫丑「何謂浩然之氣」疑問的回答。孟子所言如下：

> 其爲氣也，至大至剛，以直養而無害，則塞于天地之間。其爲氣也，配義與道；無是，餒也。是集義所生者，非義襲而取之也。行有不慊於心，則餒矣。（《孟子・公孫丑上》）

此處孟子所論之重心是在修德，並不是爲「養氣」而「養氣」。但是，顯然正是存於內心的清氣爲道德意志提供了修養的基本素材。「浩然之氣」必當與孟子在其他地方強調的「大體」和「心之官」聯繫在一起（《孟子・告子上》），這是用不著說的。如此我們可以合理推測，在孟子眼中，「浩然之氣」同「心之官」一般，應皆爲天所賦予。「浩然之氣」的獨有特性是，在道德意志指引的培養下，它可以無限擴張——如孟子以誇張口吻所說的，「塞於天地之間」。正是在此脈絡下，孟子對「天人合一」提出其個人主義式的詮釋：

> 夫君子，所過者化，所存者神，上下與天地同流……。（《孟子・盡心上》）

如果我們詢問孟子所言「君子」的神祕轉化力量從何而來？答案顯而易見：這是君子養其「浩然之氣」所成。如果我們再探問，爲什麼孟子的「君子」——作爲一個普通的個人——能夠與天、地合爲一體？答案必然也是一樣的。「浩然之氣」雖然是存於心中的至精之氣，卻可經過陶養超越個人軀體，並由此與宇宙原初之氣合而爲一。我在前文曾提過，有一個引領「心」通往天的神祕途徑，至此我們可明白，那就是「浩然之氣」提供的通路。透過這樣的詮釋方式，孟子把巫師在交通天、地事務上的權威從根基上摧毀了。在孟子的新「天人合一」觀中，天、人之間的溝通功能已劃歸人心最深處的至清之氣，此氣爲人人所有，可通過修養而不斷擴充。這樣一來，一向自誇具有通天神力的巫師便不復有存在的空間了。

第二例是氣在莊子哲學中的核心地位。莊子曾借孔子之口定義「心齋」的觀念：

> 若一志，毋聽之以耳，而聽之以心，毋聽之以心，而聽之以氣！聽止於耳，心止於符。氣也者，虛而待物者也。唯道集虛。虛者，心齋也。（《莊子．人間世》）

這裡所討論的核心問題，是如何達到個人和「道」合而爲一的境界。要做到這一點，必須依賴最高度修養而獲致的敏感力和洞察力，以偵察出大化無一息之停的律動。依莊子看來，欲達成此目標，視覺和聽覺是無能爲力的，即使是最敏感的心官也仍力有未逮。在這一點上，孟子既相同於也相異於莊子。當孟子言及「從其大體爲大人」時，他也同樣不信任「耳目之官」，因爲它們容易「蔽於物」。但跟莊子相比，孟子似乎更看重「心」。因爲孟子認爲，如果「心」發揮它強大的「思」的能力，「思則得之。」（《孟子・告子上》）至於莊子，則認爲心的交通機能仍有局限。所以他完全依賴作爲最敏感精神質體的「氣」將其帶往「道」的境域。莊子把氣等同於「虛」，因爲作爲精神質體的氣不占有任何物質空間。因此，他所謂的「心齋」意味著，心應當排卻一切雜質，而讓清氣充盈其間，唯有如此，「道」才能集聚於此。沒有疑問地，莊子的「道」可等同於宇宙化成之律動，而宇宙本身則是由各類各樣的氣所構成的。這說明了莊子爲何堅持「聽之以氣」：因爲氣無時無刻不與宇宙的化成律動同流，只有它對宇宙最細微的變化也能發生感應。

稍早我曾指出，「軸心突破」或可理解爲與「巫」傳統的破裂。由孟子、莊子的例子，我們可進一步看出，心對於「氣」的操縱與運用取代了以前巫與鬼神溝通的法力。於是，透過陶養心中敏感的氣，所有的個人都有可能成爲自己的巫師。在這一點上，特別應當注意，莊子對「聖人」、「至人」、「神人」的描繪經常帶有巫者的色彩，例如能耐寒耐熱、與天交通、游於海之深處、飛昇遊樂於天、不食五穀、屏氣龜息等等[2]。然而，我們絕對不能只從文字表面去理解這些描述，道家的「聖人」也絕非巫師。從莊子較平實的陳述看來，他理想中的道家人格實在與孟

2 參看 Julia Ching, *Mysticism and Kingship in China: The Heart of Chinese Wisdom*（Cambridge: Cambridge University Press, 1997), pp. 178-180.

子的君子理想相去不遠。兩者都被想像爲氣之陶養的終極成果。孟子的「君子」能「上下與天地同流」，而莊子則說得「道」者可「遊乎天地之一氣」（《莊子‧大宗師》），這兩者間的「家族相似性」（family resemblance，維根斯坦語），是顯而易見的。不過，即使在較含蓄的文辭中，我們依然可察覺，莊子對於長期獨占著與天交通的巫師權威，頗有一爭勝負的意識。下面我將進一步探察莊子與巫文化的關係。

在討論河神獻祭儀式時，莊子曾告訴我們當時的一個民間信仰：「牛之白顙者，與豚之亢鼻者，與人有痔病者，不可以適河。」他接著意味深長地評論道：「此皆巫祝以知之矣，所以爲不祥也，此乃神人之所以爲大祥也。」（《莊子‧人間世》）莊子在此對獻祭儀式提出與巫師、祝史截然相反的新詮釋。他的意思十分清楚：巫師、祝史這一類神、人之間的中介者都是些知識、見解鄙陋的人，僅僅認識到這三者有疾，爲「不祥之物」，故祭河時棄而不用。但莊子則把得「道」者比作「神人」，他們「知侔造化，知不材無用，故得全生」，因此反而視此三者爲「吉祥大善之事」。（見成玄英《疏》）這是莊子以道家的精神境界遠超於巫師之上的一種表示。

然而最能透露莊子想法的是〈應帝王〉中另一則虛構故事。故事描述列子之師壺子如何智取鄭國「神巫」。這個故事太長，在此無法引用全文，下面僅能簡述其要。鄭國有位名叫季咸的巫師，以能預見人事而聞名。例如，他能夠精確預言人的死期。當時年紀尚輕的列子見季咸而心醉，回去告訴他的老師壺子說：「始吾以夫子之道爲至矣，則又有至焉者矣。」在回答中，壺子指出，列子對「道」的認識太淺，無法與季咸匹敵，他並要列子帶季咸來見自己。列子一共帶季咸見了壺子四次，壺子藉著不同方式對於氣的操控，每次都以不同的神情和面貌出現。首次相見，壺子「示之以地文，萌乎不震不止(按：「止」原誤作「正」)」。這讓季咸誤以爲壺子死期將至。第二次見面時，壺子乃示以「機發於踵」的「天壤」，這使得季咸認爲壺子「有瘳矣，全然有生矣！」第三度相會，壺子則示以「衡氣機」：這像深淵中的水波，既沉靜卻又流湧不斷。這種情況讓季咸困惑不已，只能向列子說，壺子神跡不一，他看不懂，要求壺子齋戒後再看一次。故事高潮出現在兩人最後一次相見時——這一回，見到壺子的季咸「立未定，自失而走。」隨後，壺子向列子解釋：「吾與之虛而委蛇，不知其誰何，因以爲弟靡，因以爲波流(古本作「隨」，後人已校正)，故逃也。」(《莊子．應帝王》)

這個故事所運用的是當時流行的「養氣」語言，我們今天已無法確解它的涵義，但這並不妨礙我們對於故事寓意的了解。就這裡的討論而言，我認爲這是一條最好的證據，證明莊子一生都在自覺地與巫文化進行精神上的抗爭。莊子希望他的讀者了解，道家宗師通過養氣所獲得的智慧，實在遠勝於巫師與天神和人鬼交通中所修煉出來的法力。這個故事始於神巫季咸對壺子將死的預言失靈，而終於見到壺子時「立未定，自失而走」。這一始一終顯然都包含著深意：預言失靈，可見巫術不足信；「自失而走」，則顯出壺子的精神修養與宇宙的律動已合而爲一，因而產生出巨大的威力，竟將神巫完全壓倒了。

但莊子絕對不是與巫文化的廣泛影響進行對抗的唯一軸心思想家。試讀下面一段文字：

能摶乎（按：指氣）？能一乎？能無卜筮而知吉凶乎？能止乎？能已乎？能勿求諸人而得之己乎？思之思之，又重思之。思之而不通，鬼神將通之；非鬼神之力也，精氣之極也。（《管子・內業》；又見〈心術下〉）[3]

需要指出，〈內業〉的主題是如何探求生命之源，以導至「長壽」。依本篇作者所論，唯一途徑是藉修練人心最深處的清氣而與「道」合一，作者甚至把清氣所在之處稱爲心中之心——「心以藏心，心之中又有心焉」。然而，修練的最後階段卻需要修道者有意識的領會（「知」），這也說明何以「思」對修練如此重要。換言之，由於〈內業〉作者和孟子同樣具有心之官則思的觀點，他把心智的積極參與視爲達成與「道」合一的必要條件。但作者爲什麼一定要把「鬼神」帶入討論中呢？這正是因爲，〈內業〉的通篇討論隱然以巫文化爲論敵。在過去，欲長壽者僅能求之於天地鬼神。很自然地，巫師的服務是不可或缺的。現在，隨著「軸心突破」後氣化宇宙論的興

3　關於〈內業〉篇「精氣」與「鬼神」的問題，近十餘年來中外專家討論很多，不能一一涉及。就我閱覽所及，以裘錫圭〈稷下道家精氣說的研究〉一文爲最有貢獻（見陳鼓應主編；香港道學院主辦，《道家文化研究》第二輯［上海：上海古籍出版社，一九九二］，頁一六七—一九二）。他以「精氣」與「鬼神」異名而同實，甚至也肯定「精氣」即「道」，這些看法都是我能同意的。不過我要進一步指出：「鬼神」是長期以來巫的用語，「精氣」則是軸心突破後思想家的用語，後者脫胎於前者，故仍帶有神祕性質。西方學者中以〈內業〉代表從巫的背景轉到哲學層面的精神修養，則有葛瑞漢（A.C. Graham），見他的 *Disputers of the Tao: Philosophical Argument in Ancient China* (La Salle, Illinois: Open Court, 1989), pp. 100-105.

起，許多知識人開始倡言一種新的生命觀。根據這種生命觀，人人都可藉由修練與生俱來的氣而得延壽。作爲氣化宇宙論思維的一支，〈內業〉的作者認爲，個人可以從宇宙源源不絕的氣之供給，不斷將新氣引入其生命。但做這件事必須完全依賴個人的努力，而不能憑藉他人（如巫師）的協助。心在這樣的運作中扮演了關鍵的角色。這是因爲，如同作者進一步告訴我們的，心不僅是至精純之氣（「精」）之所在，更是智慧或認識（「知」）的源生地，在這一點上，〈內業〉的原文是：「精之所舍，而知之所生。」然而，要讓心成爲適宜容納氣的貯所，人必須除去心內之「憂樂喜怒欲利」，這正是「思」的作用之所在。總之，強調延壽「非鬼神之力」而出於個人修養「精氣之極」，〈內業〉的作者其實是要摧毀巫師作爲人神間中介角色的一項主要功能。引文中「能勿求諸人而得之己乎」一語正合乎雅斯培所謂最早出現的哲學家，「作爲個人敢於依靠自己」。

現在，讓我們稍稍討論巫術儀式以資比較。正如本文開端引用的「絕地天通」神話所示，在與天交通儀式的最終階段，神祇會臨降於巫師。屈原（西元前三四三—二九九）〈九歌〉之首〈東皇太一〉：「靈偃蹇兮姣服，芳菲菲兮滿堂。」王逸註便說：「靈謂巫也……。古者巫以降神……神降而託於巫也。」霍克思（David Hawkes, 1923-2009）在爲〈九歌〉英譯本所撰之導論中也說：「男女巫師（並不總能清楚區分）先將自己滌淨，敷以芳氣，並穿著華服，隨樂音而歌舞，以一種神聖求偶的方式招引天上之神靈。」[4] 這個陳述是建立於〈九歌・雲中君〉的前四句：

浴蘭湯兮沐芳，
華采衣兮若英。
靈連蜷兮既留，
爛昭昭兮未央。

所以，從〈九歌〉中，我們可獲知中國古代巫術儀式的三項獨特概念。其一，人、神交通在神祇由天降臨於人間時達到高潮。其二，當神祇臨降人間時，祂們會暫棲於參與儀式之巫師身上。其三，爲了能接受神祇之降託，巫師須藉沐浴徹底滌淨自身[5]。

此刻，藉由和巫術儀式的比較，我們可以清楚觀察到，軸心思想家如莊子和《管子・內業》篇作者對「心」、「氣」間關係的構想與巫師、神祇間的關係十分相似。賦予巫師通天之能的法力——無論是眞實或想像的——已被心的精妙機能所取代，人們可以透過「心」陶養宇宙間最精純的氣。循著相同的類比，神祇藉巫師的媒介從天降臨，與人間交通，也轉換爲「氣」的修養者

4　David Hawkes tr., *Ch'u Tz'u: The Songs of the South: An Ancient Chinese Anthology* (Boston: Beacon Press, 1962), p. 35.

5　按《孟子・離婁下》：「雖有惡人，齊(齋)戒沐浴，則可以祀上帝。」也是這一觀念的明確表現。

藉心之「思」與宇宙律動（或「道」）合而為一。如此一來，通過巧妙的調整，軸心思想家不僅將「天人合一」的觀念從巫師壟斷中解放了出來，同時也賦予這個觀念以人文的和更為理性的解釋。當《管子．內業》的作者把論述的重點由鬼神移轉至「思」和「知」，他清楚地把天、人關係的討論從原始宗教信仰提升至哲思論辯的層次。這也是前引〈內業〉文字一直吸引傳統註家和現代學者的主要原因。

前面我曾提議，「軸心突破」也可以看作是與巫傳統的破裂。這一提議雖然具有高度的嘗試性，但絕不是沒有歷史根據的。事實上，這樣的觀點已蘊含於孔子以降多位軸心思想家對禮樂傳統提出的新詮釋中。如我們已見到的，禮自始便掌控在巫師手中。但我要特別指出，前文所討論多種氣化宇宙論在兩個地區發展得尤其活躍：南方的楚國與濱海的齊國。這兩個地區剛好以巫文化盛行聞名。楚國（莊子與屈原）的情況學界已經了解得很清楚，這裡毋須進一步討論。至於齊國，約於西元前四世紀中葉創立了著名的稷下學宮，雖然歷經起伏，學宮維持到西元前三世紀前期。包含孟子在內的眾多思想家、學者都曾赴該處接受齊王的供養資助。正是在這個最重要的學術中心，各類氣化宇宙論得到充分發展。可惜的是，僅有少數的有關文章和斷簡殘篇遺存於今本《管子》。但可以合理推斷，孟子和告子對氣的看法都可能發源於稷下的思想社群。在另一方面，齊地也以巫文化盛行著稱。根據《漢書》，因為擔心「不利其家」，齊地一般民戶的長女不許出嫁。於是長女被稱為「巫兒」，在家中負責祠祭。（《漢書．地理志下》「齊地」風俗條）這個風俗起始於西元前七世紀初，延續到西元一世紀。值得注意的是，在春秋時期（西元前七二二

—四一八），確實有齊國女性在禮祭儀式中擔任要角的事例。而下引《管子》中的陳述，也可證明巫文化與齊國宮廷的持續關係：

> 上恃龜筮，好用巫醫，則鬼神驟祟。（《管子・權修》）

我想補充，在李克(Allyn Rickett)的《管子》英譯本裡，「巫醫」被譯爲"magicians and witch doctors"[6]。事實上，到孔子的時代，「巫醫」很可能已經成爲複合詞，只有「巫」的意思，因爲自遠古以來，巫者便被認爲與醫事密不可分。《管子・權修》篇對齊君的勸諫顯示巫者仍活躍於齊國宮廷，否則，此篇便成無的放矢了。

目前古代中國巫的政治史仍有待書寫。簡而言之，我們應可推斷，春秋以前，大體上，巫師在政治上有相當權力。舉例而言，直到周厲王(西元前八七八—八四一)之時，厲王仍曾以「衛巫」窺伺「謗者」，殺掉所有被他告發的人。(《國語・周語上》；《史記・周本紀》)然而，到了孔子的時代，巫師對國家的影響力雖然尚未絕跡，已大幅衰落了。至西元前四世紀，各國君主、貴族大抵轉向「世俗」知識人求教。和商、周時代不同，他們極少信用巫師爲政治顧問。但

6　見 W. Allyn Rickett, *Guanzi: Political, Economic, and Philosophical Essays from Early China: A Study and Translation* (Princeton, N.J. : Princeton University Press, 1985), vol. 1, p. 96.

這絕不意味作爲文化基質的巫術在「軸心突破」之後已完全失去了重要性。事實恰恰相反，與巫文化相維繫的宗教信仰和實踐早已形成了一個極強固的傳統，並不是「軸心突破」所能輕易撼動的。「軸心突破」的當下效應是空前地擴大了大多數人民和少數菁英之間在信仰上的差距；巫的影響在一般民間文化中仍然不小。即使在統治階層的成員中，也還時時有傾向於巫文化的人。譬如，齊國田氏王室便以經常尋求卜筮而著稱；這正是前引《管子・權修》篇勸諫君王不當信任巫師占算的歷史背景。甚至下至漢武帝時代還發生了歷史上著名的巫蠱事件。所以「軸心突破」以後，代表上層文化的諸子百家出現於歷史舞台，並在相當大的程度上撼動了「巫」在上古禮樂傳統中的獨霸地位，但「巫」並未消逝，它繼續活躍在民間文化的廣大領域之中。

第五章
孔子與巫傳統

最後，我要換一個方向，略論巫文化對軸心突破的影響。我們之前已看到，軸心思想家如何藉由構築他們自己的天人合一理論來和巫師對抗，使巫師失去在天、人之間的中介角色。在這層意義上，軸心突破可以視爲與巫傳統的斷裂。但正如禮樂傳統的情形一樣，軸心突破與巫傳統的斷裂也是不完全的。軸心思想家重新闡釋並轉化了與巫有關的一些信仰和實踐；這是出於他們要建立自己思想系統的需要。但這個斷裂只是事態的一個方面。另一個方面則是軸心突破也保留了巫的某些精神遺痕：這也是很容易理解的，因爲長期以來巫文化是深深地融化在禮樂傳統之中的。關於這一問題，下面我將通過兩個論題的檢視，作進一步的說明：第一、孔子以前禮樂專家的功能；第二、孔子作爲「先知」的自我形象。

這兩個論題，最初都是由胡適在一九三四年〈說儒〉一文中提出來的。這是一篇材料豐富而又具有高遠想像力的專題研究，胡氏在這裡提出了他關於「儒」的起源的系統看法；他的主旨是要論證最初的「儒」是殷遺民，靠一種柔遜的人生哲學取容於周王朝之下，老子即是早期「儒」的代表。孔子也是殷遺民，應「五百年必有聖者興」的預言而有「天下宗予」的自信，但時代大變，孔子已採取了「吾從周」的立場，因此他的抱負發揮在精神價值的世界，將原來「柔遜」的「儒」改造成「剛毅進取」的新「儒」教。這是他堅持老子先於孔子的基本論據。〈說儒〉問世後引起不斷的批評，他的中心論旨似乎沒有獲得學術思想史界的認可。但我在本文中並不處理他的中心論旨。我所重視的則是上面所提及的兩個論題。這在〈說儒〉中屬於次一級的概念，然而對於討論孔子與巫的關係卻十分重要[1]。讓我先說第一個論題，即孔子以前的禮樂專家的功能。以《論語・雍也》「女爲君子儒！無爲小人儒！」爲基礎，胡適認爲「小人儒」可能是指商代「教士」階級的後裔。這些人精通宗教禮儀（特別是喪葬禮），以此爲業，世代相傳。換句話說，舊義的「儒」是靠熟悉禮儀的技能而謀衣食的人，也許因此而有「小人」之稱。半個世紀以後，楊向奎受到〈說儒〉的啓發，對「小人儒」作了進一步的發揮。他認定「小人儒」確如胡適所論，是以相禮爲職業的「教士」，但他認爲以相禮爲業的「儒」其實便是巫祝；巫祝是當時社會上最有學問而知禮的人，他們替人誦經、禮贊、祈禱、禳祭，也就是做人與天神之間的媒介。楊氏不僅引用了他熟悉的先秦文獻，而且還參考了現代民族學的調查報告，如涼山彝族的「吹毳」（即巫師）。「吹毳」的職務有三：一司祭，二占卜，三醫，正與古代的巫相同，「小人儒」

1 胡適，〈說儒〉，收在《胡適全集》第四卷，頁一——一一三。

作為巫祝恰可與之相比。孔子和他的弟子也曾作過「相禮」之事，不過他後來全力提倡「君子儒」之教，終於成功地將「儒」由巫取向的禮樂專家，轉型為追隨他求「道」的知識人（「士」），這便是後世所說的「儒家」[2]。

胡、楊兩家對於「君子儒」和「小人儒」的分析和推論很有趣，但因史料不足，最早的「儒」究竟是不是巫師或人神間的中介則只能是一種推測，眼前尚無法定案。不過胡適的〈說儒〉使我們注意到一個重要的歷史事實，即孔子和他的許多弟子確實與巫、祝、卜、史等人物有密切關係。他們是否如楊向奎所說，曾擔任過巫、祝之類的職務並以此謀衣食，今不可知，但他們曾有過「相禮」的活動則史有明文。我們因此可以比較有把握地說，他們對於職業禮生的一套巫祝技能一定是相當熟習的。即使最嚴厲批判胡適的人，也不得不承認這一點。孔子引「南人之言」：「人而無恆，不可作巫醫。」（《論語・子路》）即可見他對於「巫」文化並不陌生，故得隨口而道。總之，我們很難想像孔子和儒家學者可以完全不受巫師與專業禮生的信仰和實踐的影響。眞正的困難毋寧在於如何界定這個影響。

我同意一般接受的看法，即孔子和儒家不但不是巫，而且盡最大努力與巫傳統劃清界線；孔子在說「敬鬼神而遠之」（《論語・雍也》）這句名言時，很可能心中想到的便是怎樣跳出巫傳統的籠罩。但孔子仍「敬鬼神」，可見他和巫的斷裂是不徹底、不完全的（按：《論語・泰伯》：

2　楊向奎，《宗周社會與禮樂文明》，頁四一一—四一二。

「子曰：『禹，吾無間然矣。菲飲食而致孝乎鬼神……。』」此亦孔子「敬鬼神」之證)。正如前面所說孔子對禮樂傳統的突破一樣，他採取的是重新詮釋，而不是全面退出。近期發表的馬王堆帛書《易經》〈要〉篇中，載有一段據稱是孔子的話：

> 易，我復其祝卜矣，我觀其德義耳也。……贊而不達於數，則其爲之巫；數而不達於德，則其爲之史。史巫之筮，鄉之而未也，好之而非也。後世之士疑丘者，或以易乎？吾求其德而已，吾與史巫同涂而殊歸者也。君子德行焉求福，故祭祀而寡也；仁義焉求吉，故卜筮而希也。[3]

不消說，上述文字是該文作者(約於西元前三世紀中)假孔子之口說出的，但上述文字仍可作爲儒家與巫傳統兩層關係的極佳說明。就如「同涂而殊歸」的比喻所清楚展現的，在技術的層次，儒家從巫文化占有核心位置的魔術—宗教傳統(the magico-religious tradition)中承繼了不少東西。但從哲學觀點來看，儒家的人文主義則超越了這一傳統。就此角度而言，儘管孔子及其追隨者與早期的巫師和專業禮生有著對禮樂的共同興趣，甚至一度共用過「儒」的名稱，但是我不贊成直截

3 引自陳松長、廖明春，〈帛書《二三子問》、《易議》釋文〉，收在陳鼓應主編，香港道學院主辦，《道家文化研究》，第三輯(上海：上海古籍出版社，一九九三)，頁四三五。

了當地把孔子和儒家當作巫師和專業禮生的思想繼承者。我們必須牢牢記住，在思想上孔子及其門人恰恰是軸心突破的先驅。

現在我要轉到第二個論題，即孔子所發展的作為「先知」的自我形象。在這一方面，巫傳統在儒家「軸心突破」進程中所留下的痕跡更為豐富，也更為清晰。胡適把孔子比附於耶穌基督的想法雖然有趣，但頗勉強而且流於空想。和許多現代學者一樣，胡適賦予孔子過多的「理性」色彩，但他引發我們注意到孔子生命及思想中某些先知的面相，則是必須給予肯定的。以下我打算提出一個看法，這就是：從巫傳統的象徵符號來理解孔子的先知面相(當然只是非常初步的)。我希望這一新提法，可以加強我們認識所謂儒家的宗教向度。

孔子曾說「鳳鳥不至，河不出圖，吾已矣夫！」(《論語．子罕》)在此，我們遭遇了兩個重要的象徵：「鳳鳥」和「河圖」。讓我們稍進一步檢視它們，首先是鳳鳥。《論語》記載了楚狂接輿的一首歌，前兩句說道：

鳳兮鳳兮！
何德之衰？(《論語．微子》)

這首歌有一個更詳盡的版本，保存在《莊子．人間世》。如此，我們不僅可以看到孔子對傳說中的鳳鳥沒有出現而感到失望，也看到接輿甚至直指孔子為「鳳」。對孔子而言，「鳳鳥」為何如此特別呢？根據《左傳》（昭公十七年，西元前五二五年），郯子曾在魯國宮廷回答疑問，解釋傳說中的先祖少皞爲何以鳥名爲百官命名。他說：「我高祖少皞摯之立也，鳳鳥適至，故紀於鳥，爲鳥師而鳥名。」孔子聽聞這段對話後，便「見於郯子而學之」（《左傳・昭公十七年傳》）。另一方面，《詩經》中有一則傳說，記載「天命玄鳥，降而生商」（《詩經・商頌・玄鳥》）。這個說法提示，商人也屬於少皞氏的民族文化群體，即所謂的東夷。在現代學者眼中，「玄鳥」或「鳳鳥」極有可能是商民族的圖騰象徵。所以孔子對鳳鳥不出的失望，必須在魯昭公十七年郯子魯廷對話的背景下加以理解。但接輿以孔子爲「鳳鳥」的說法，也應該嚴肅地予以對待。郯子的描述很清楚顯示，「鳳鳥」是「天」派向商代先祖的信使。現在，《左傳》中帶神話性質的描述，已由商代甲骨文得到證實——如「帝史鳳」一詞[4]。毫無疑問地，在商代，「鳳鳥」想必被認爲是最重要的神話動物，可以實行交通天人的任務。在孔子的時代，這一古老的巫的信仰顯然仍繼續活躍。然而，伴隨軸心時期天人合一觀念的個人轉向，當時的人很可能想像孔子也有能力直接與神聖的「天」交通，因此楚狂接輿才把孔子比爲「鳳鳥」。與此相似的是，儀封人和孔子談話完畢後，告訴孔門弟子：「天將以夫子爲木鐸」，意思是孔子是天的載具，把道帶到這個世界（《論語・八佾》）。子貢稱孔子「天縱之將聖」（《論語・子罕》），也可能出於同樣的原因。無論如何，孔子似乎非常認眞看待「鳳鳥」的傳說。

4　見陳夢家，《殷墟卜辭綜述》，頁五七二。

與「鳳鳥」一起被孔子提到的「河圖」，也和巫傳統有密切關聯。在《易經》中，我們可以看到這樣一段話：

> 河出圖，洛出書，聖人則之。（《易・繫辭上》）

司馬遷的《史記》也記載孔子感嘆「河不出圖，雒不出書」，文字與《論語》有出入（《史記・孔子世家》）。根據孔子十一世孫孔安國（西元前一五六—七四？）的標準解釋，「河圖」指伏羲八卦，「洛書」則指《尚書・洪範》所列的「九疇」。無論確切所指爲何，從戰國時代開始，「河圖」和「洛書」在儒家傳統中廣被接受爲具有天啓性質的文本。而在《莊子》裡，我們看見了託名於著名巫咸的這段話：

> 天有六極五常，帝王順之則治，逆之則凶。九洛之事，治成德備。（《莊子・天運》）

注釋家普遍同意，文中「九洛」指「洛書」，亦即洪範九疇。我認爲這條證據有關鍵的重要性。就我所知，這是先秦唯一一條直接把河圖洛書與巫傳統聯繫起來的證據。之後，到了東漢末年，當巫傳統與道教混融時，河圖洛書又在《太平經》中扮演了「天書」的核心角色。自此以降，直接的天啓(direct revelation)便成爲道教傳統中不可或缺的部分。從比較的觀點看來，我們可以相當肯定地說，河圖洛書的神話可溯源至古代巫的傳統。如伊里亞德所指出的，薩滿通天的一個形式，就是君王或先知從至上神手中接獲「天書」。透過徵引維登格倫(George Widengren)的*The Ascension of the Apostle of God and the Heavenly Book*，伊里亞德展示，在近東地區，「天書」的象徵符號是非常古老且廣泛散布的[5]。

最後，我要簡單討論孔子的夢。孔子說：「甚矣吾衰也！久矣吾不復夢見周公！」(《論語・述而》)這段話必須配合上述孔子關於「鳳鳥」、「河圖」的話語加以理解，兩者都表達了孔子對自己老去而不能見「道」行於世的深切失望。兩者都顯示相似的宗教情感。如果我們說孔子的夢也帶有當時巫文化的痕跡，應當不是牽強附會。薩滿式夢境的一個典型特色是，薩滿常常在夢中接收神意的指示。就如伊里亞德所說：「在夢裡，純然的神聖生活進來了，與神祇、精靈和祖先靈魂的直接關係也重建了。」[6]更饒具意義的是，《左傳》和《國語》中也記載了許多發生於西元前六世紀和孔子情形相似的夢境。在這些例子裡，神或祖先的靈魂出現在貴族或貴族女性的夢中，給予某種形式的建議。最有趣的一件事是魯襄公(西元前五七一—五四一年在位)曾夢見周公。這場夢於西元前五三五年(昭公七年)在魯國宮廷被傳述和討論(《左傳・昭公七年傳》)，孔子當時十七歲，他之後一定對此有所聽聞。這個事件很可能啓發了年輕的孔子，使他

---

5 Mircea Eliade, *Shamanism: Archaic Techniques of Ecstasy*, translated from French by William R. Trask (Princeton, N.J. : Princeton University Press, second paperback edition, 2004), p. 489, note 106.

6 Mircea Eliade, *Shamanism*, p. 103.

與周公在自己的夢中相會。不消說，魯襄公、孔子或其他有相似夢境經驗的貴族男女都不是巫師。但這些被記錄下來的夢以及有關它們的預言，似可證實孔子時代巫文化的盛行程度。

從比較的觀點來看，孔子夢周公，屬所謂「神異夢境」(divine dream)；它在許多古代文明中都曾出現過。在這種「神異夢境」中，一位夢中人物(祖先、受尊敬的人、祭司或神祇)會向睡眠者現身，給他預言、建議或警告。古希臘蘇格拉底的夢尤其能與孔子的夢做比較。在柏拉圖對話錄《斐多》(*Phaedo*)中，蘇格拉底說：

> 在我生命中，我常在夢中獲得指示：「我應該創作音樂。」同樣的夢有時以某種形式出現，有時以另外一種，但總是說著同樣或幾乎相同的字眼。夢這樣說：「你得去實習和創作音樂。」(*Phaedo*, 60e)[7]

我們很容易想像，當孔子一再與周公於夢中相會，他必定會不斷地被訓誡要「制禮作樂」。真正令人吃驚的是蘇格拉底在《克里托》(*Crito*)中提到的預示自身死亡的夢。他告訴克里托他做了一

7　我最初所用的是 B. Jowett 的譯本 *The Dialogues of Plato* (New York: Random House, 1937), vol. 1, p. 444. 最近有新譯本，即 G.M.A. Grube tr., *Phaedo*, in John M. Cooper, ed., *Plato: Complete Works* (Indianapolis/Cambridge: Hackett Publishing Co., 1997), p. 53. 我曾比較兩本，Jowett的"music"，Grube 譯作 "arts"，餘無大異同。

個夢，夢中有個女人引用荷馬的《伊利亞德》，向他指示死期：「第三天，你將會來到豐饒的弗提雅(Phthia)」(*Crito*, 44b)。在死前七日，孔子也向弟子子貢道及他「夢坐奠於兩楹之間」，並解釋說，根據商人的傳統，去世的人要「殯於兩楹之間」，「而丘也，殷人也」，認爲這個夢預示著自己即將離開人世(《禮記·檀弓上》)。上述兩個夢有著驚人的相似性。不過，如果我們相信道慈(E.R. Dodds)的判斷，這一相似性卻不難索解。道慈指出，「柏拉圖實際上是將希臘理性主義傳統和一些魔術—宗教觀念加以交叉孕育，這些觀念的遠源是北方薩滿文化。」[8] 畢竟，孔子的夢也發生在巫傳統的影響仍舊明顯的文化環境中。

泰山其頹乎！

梁木其壞乎！

哲人其萎乎！

……(中略)

夫明王不興，而天下其孰能宗予！(《禮記·檀弓上》)

8 E.R. Dodds, *The Greeks and the Irrational* (Berkeley and Los Angeles: University of California Press, 1951), p. 209.

這些是孔子死前的話，清楚展現了孔子最終是作爲一個感到深沉失望的先知而離開人世的。狄百瑞(Wm. T. de Bary)指出儒家君子先知的角色中的下列元素，可以和閃族世界(Semitic world)的先知做比較：

> 「道」作爲一項超越價值由個人直接認知；「天何言哉！」但君子見「道」之言則爲「天」之見證；君子的使命感即是「天」降的大任；對於統治者必須時予警告，以免他們違逆天命，招致自身毀滅。[9]

以此描述孔子的先知角色是合宜的，而且大體上吻合我們在《論語》中所見到的孔子的自我形象。但在這裡，我們關心的並不是孔子先知角色的精確定義。眞正使我們感興趣的毋寧是，如何給予孔子人格中的先知面相一個歷史的解釋。胡適的詮釋似乎過於牽強，他主張孔子被期待能實現殷亡後五百年以來一直存在的古老「預言」——有一天，一位殷人後裔將透過軍事活動或文化成就來恢復過去王朝的光榮。這基本上是一個政治性的解釋，而且也缺乏歷史證據的支持。

談到預言自然牽涉到宗教。這樣看來，孔子作爲先知的自我形象，其根源只能求之於禮樂傳

9 Wm. T. de Bary, *The Trouble with Confucianism* (Cambridge, Mass.: Harvard University Press, 1991), pp. 11-12.

統中；而這一傳統，如前面所一再指出的，具有極爲明顯宗教性格。透過一個基本性的新詮釋，孔子摒棄了與所謂「原始宗教」有關的信仰和實踐。他也對天人關係概念的個人轉向做出了重要貢獻。但是，所有證據似乎都導向一個無可避免的結論：孔子仍然保持對天的深刻信仰，相信天是靈感的神聖泉源。當然，孔子的「天」，和商代甲骨文中「帝」的概念，或《詩經》中「文王陟降，在帝左右」的想法（《詩・大雅・文王之什》），都不一樣。但說明孔子的「天」不是什麼比較容易，要肯定地說它是什麼則相當困難。我們不妨姑且認同狄百瑞的看法，即以孔子的「天」是「宇宙最高的道德秩序」（the supreme moral order in the universe）。我並不完全同意馮友蘭說孔子的「天」是「一有意志之上帝」或「主宰之天」，但當馮氏說「孔子自以爲所負神聖的使命，即天所命」時，他確實有堅實的根據[10]。就我個人所見，「宇宙最高的道德秩序」之說似乎過於非人格化而嫌太弱，「有意志之上帝」則太人格化而嫌過強，眞相也許在二者之間。無論如何，就本文目的而言，我們只要這樣說便夠了：孔子相信天向他顯示眞「道」，他的人生使命便是將這神聖的訊息傳遞給全人類。我相信在我們早先對《論語》「鳳鳥」與「河圖」的討論中，這一論點已經成立。楚狂接輿爲什麼說孔子是其德已衰的鳳鳥？我相信這是指他與「天」相溝通的能力已因衰老而弱化，正如孔子自嘆：「甚矣吾衰也！久矣吾不復夢見周公！」接輿顯然同情孔子一生爲「天」傳道，他言之諄諄而世人則聽之藐藐，因此不禁發此慨歎。

10 馮友蘭，《中國哲學史》，上冊，頁八二—八三。

現在，在前述理解的基礎上，我要試著提出進一步的想法：不單是孔子的宗教信仰深深植根於商周的禮樂傳統，而且自覺或不自覺地，他在思想和行動中也往往表現出，好像溝通天地是他本人的大任所在。出於某種原因，孔子相信這一責任已由天加諸其身。但這麼說並不表示我們應把孔子(和孟子)看成一個新形態的「巫師」。我要說的只是，作爲巫傳統核心特色的天地交通，以及與此相關的許多其他個別信仰，在軸心時期及其後，仍然繼續在引導著中國人的思維方式。但基本上，這個連續性必須被了解爲思維結構或模式的連續性，而非思想的實質或內容之一仍舊貫。而且即使所謂結構或模式的連續，也不是直線式的，因爲其間經歷了一個「詮釋與置換的雙重過程」("a double process of interpretation and transposition")，換言之，即前此禮樂傳統中某些宗教性、神祕性的觀念及其運作方式，在軸心突破以後，已被移置於哲學思維的層次而獲得新的詮釋。這和古希臘在軸心突破時期所經歷的思想變化過程頗爲類似。道茲分析柏拉圖怎樣從薩滿教的基址上發展出一套新哲學思維的系統，他舉出的例證中包括下面三項：

> 薩滿的「出神」(trance)及其神祕自我(按："occult self"即指靈魂而言)主動地離開軀體他遊，一變而成爲(哲學家)心靈退出眼前生活而集中於沉思苦慮，以淨化理性的靈魂——柏拉圖則認爲這是由傳統邏格斯(logos)的權威造成的習慣。薩滿在出神狀態中所獲得的神祕知識則一變而成爲(哲學家)對形上眞理恍有所見。至於薩滿對以往多次轉世的前生「回

憶」，復一變而成爲抽象「理型」的「回憶」，因而構成了新的知識論的基礎。[11]

以上三例中，第二、第三兩例稍識柏拉圖思想的人不難一望可知，但第一例則不妨略補充幾句話，以爲讀者進一步理解之助。所謂哲學家心靈退出眼前生活而集中於沉思苦慮云云，是指蘇格拉底的行爲而言。柏拉圖在《宴談篇》(*Symposium*)中，兩次記述蘇格拉底忽然站立不動，心靈已不在此時此地，進入了一個更高的精神世界。他第一次忘了吃飯，從上午站到下午，第二次更厲害，整整在庭院中站了一整夜，正合乎我們所謂「廢寢忘餐」的成語。依道慈之見，這便是從薩滿的「出神」和生魂離體的習慣轉移過來的。(*Symposium*, 175a-l; 220c-d)蘇格拉底和柏拉圖雖從薩滿教中推陳出新，但他們絕不停留在薩滿教的水準，而是跳上了哲學思維的境界。相較之下，孔子、孟子以及其他先秦諸子也是如此；他們化腐朽爲神奇，超越了巫而把中國的精神世界提升到了更高的階段。關於這一問題，第六章將有更詳細的展示，暫止於此。

回到孔子，我傾向認爲，孔子對於商代幾位大巫師的記憶，直接或間接地，助長了他想將天「道」傳播到人間的強烈使命感。作爲殷遺民的後裔，孔子對其祖先的歷史一向抱著熱烈的興趣。這一點在他要求見郯子詢問鳳鳥傳說這件事上表現得十分清楚。無疑的，他非常了解商的歷史。與軸心時期不同，在神權時期的商代，巫師享有異常崇高的社會地位，在宗教領域和政治領

---

11 E.R. Dodds, *The Greeks and the Irrational*, p. 210.

域內都擁有極大權力。商代巫師中，巫咸和巫賢父子尤爲出名。在一九一六—一九一八年間出版的對巫咸和商代巫者的一系列研究文章中，狩野直喜（一八六八—一九四七）極詳盡地檢視了與此問題有關的古代文獻與傳統注疏[12]。就我所知，狩野是第一個確認巫咸和巫賢爲商代巫師的現代學者，這個看法現在已被普遍接受。他的論點非常有說服力：跟周代相比，巫師在商代扮演的宗教和政治角色遠爲重要。狩野直喜也讓我們注意到巫咸和巫賢是父子的古老說法。無論就商代世襲貴族體制，或中亞、東北亞薩滿多爲世襲一事而言，狩野的這個發現都有高度的合理性。毋須強調，狩野的早期發現已由晚近的考古發現所進一步證實。一個例子是，我們在甲骨文中找到了巫咸的名字（如「大[甲]賓于咸」、「咸[賓]于帝」之類）[13]。理解這個背景後，我們便能更清楚認識巫咸和巫賢的重要性，一如他們在《史記．殷本紀》中被描寫的那樣。巫咸「治王家有成」，得到賢相伊陟的讚美。在帝太戊時期，他們兩人共同承擔起商朝復興的大任。史書甚至說巫咸曾留下兩種著作，一份很像是有關他在朝的治術（〈咸艾〉），另一份很可能是太戊時期的紀事（〈太戊〉）。巫賢則任職於祖乙王廷，那時商朝經歷了再度的「復興」。這次復興的大功似乎主要成於巫賢之手，因爲史書上只記載了他一個人的名字（《史記．殷本紀》）。不消說，這一傳

---

12 狩野直喜，〈支那上代の巫、巫咸に就いて〉（一九一六），收在他的《支那学文藪》（京都市：弘文堂書店，一九二七），頁二三—三九。

13 見陳夢家，《殷墟卜辭綜述》，頁五七三。早期卜辭中所見的「咸戊」一名，羅振玉和王國維即已斷定爲「巫咸」。見同書，頁三六五。

說是不是和事實相符，現在已無法確定。但這一點就本文的論旨而言，則是無關緊要的。這裡應當注意的是：以商代大巫的政治功能而言，上引的傳說大致與孔子的歷史記憶相去不遠。我們可以合理地推想，在孔子心中，他也許會把巫咸這樣的人物看作是當時的大政治家，曾對商代的治道作出過重大的貢獻，因此是特別值得尊敬的。前引《莊子・天運》中，與《洛書》（「九洛」）有關的巫咸招即是商代的巫咸，談論的也是「治」道；這也反映了後世對於這位大巫的一種記憶。讓我作一個大膽的推想：當孔子晚年慨嘆「鳳鳥不至，河不出圖，吾已矣夫」，又當他死前傷感地說「夫明王不興，而天下其孰能宗予」，他心中浮起的也許正是對巫咸父子復興大業的記憶！

在這一點上，下面這個異議很自然會產生：孔子一生都奉周公爲楷模，他從來沒有提到過巫咸、巫賢，我們怎能妄言他受過殷代巫師的精神感召呢？孔子熟習殷史與殷禮，前面已論證過了。他臨沒自稱「殷人」，又特提「兩楹之間」的殷制，明載於《禮記・檀弓》。巫咸父子是殷史上兩位大名鼎鼎的政治家，不但見於《尚書・君奭》，而且流布在許多先秦文獻中。「信而好古」的孔子必知其人，是無可懷疑的。在這一假定的基礎上，我想對上述的異議作出兩點回應。第一、我僅僅是說，巫咸、巫賢作爲能溝通天人之間的政治家可能對孔子的文化、宗教的使命感發生過啓示作用，雖然他們並不是推動孔子精神發展的唯一源頭。第二、對孔子影響最大動力確是周公，但孔子所崇敬的周公也同樣擔任過「群巫之長」的角色，至少有一次是如此。我指的是周公爲武王祈壽的事。克商後兩年，武王得了重病，周公想代兄死，因此他向天上的祖靈祈禱，希望祖先能說服上帝同意他的請求。關於這個祈禱儀式，《尚書‧金縢》這樣記載：

> 公乃自以爲功，爲三壇同墠。爲壇於南方，北面，周公立焉。植璧秉珪，乃告大王、王季、文王。史乃冊祝……。

文中爲何說周公「乃自以爲功」呢？它讓我想到，在這個非常特殊的場合，周公不信任「巫」(巫師)、「祝」(祭司)交通天地的「功」。他決定自己接管巫或祝的宗教職能。儀式中運用到的玉璧的象徵，同樣很有意義。正如理雅各(James Legge, 1815-1897)所指出，璧「被描述爲倚在方形基底，外邊是像天的拱形的圓形」[14]。據《周禮‧春官宗伯‧大宗伯》，「以蒼璧禮天，以黃琮禮地，以青圭禮東方。」注釋家對璧與琮外形的討論極爲繁複，但有一個共識是，璧外圓內方，琮則正好相反。至於珪(圭)，則是春天——宇宙萬物初生之時——的象徵，其圓頂方底的形狀，也象徵天與地的合一[15]。因此，用在這場禮儀中的璧和珪，就像琮的情況一樣，強而有力

---

14 見 James Legge, *The Shoo King*, vol. III of *The Chinese Classics, with a translation, critical and exegetical notes, prolegomena, and copious indexes*, second edition (Hong Kong: Hong Kong University Press, second edition, 1960), p. 353.

15 見孫詒讓，《周禮正義》(台北：商務印書館，國學基本叢書本，一九六七)，第十冊卷三十五，頁八—一二。關於周公是一大巫，可看加藤常賢，《中国古代文化の研究》(東京都：二松學會大學出版部，一九八〇)，頁三六六—三六七。

地指示著巫文化的存在。尤有進者，根據《史記・周本紀》，周公在祈儀前，還先「祓齋」，即淨化、禁食（《史記・周本紀》）。這正是巫在降神前必須做的準備。周公所行既如此，孔子對周公的崇敬似乎並不妨礙他同時受到如巫咸這樣的商代大巫師所啓發。正好相反，兩者也許剛好有互相加強的效用[16]。

總結地說，讓我簡單以三點來概括巫傳統對孔子思想中宗教向度的影響。首先，我們必須理解，這是通過源遠流長的禮樂傳統而衍生的間接影響，而禮樂傳統從一開始便瀰漫著巫文化的信念和實踐。其次，孔子對天作爲道德根源的深刻信仰和他替天傳道的使命感都是從禮樂傳統的宗教根源中生長出來的。但孔子的天的觀念，經歷了一個人文和倫理的再定向；它不能和商周時期的「帝」或「天」等量齊觀了。第三，巫傳統的「通天地」爲孔子提供了一個出發點，使他終於能發展出人得以個人身分，自由而且直接地，與「天」交通的構想。不但如此，再從他關於「鳳鳥」與「河圖」的感慨來看，如果我仍疑心他在信仰方面受有巫文化的終極影響，也許並不算過於大膽吧！因此很自然地，有些西方讀者，如芬格萊特（Herbert Fingarette），會「發現《論語》中有些話語似乎透露了一種對於重要的魔術力量的信仰」[17]。然而，僅靠哲學論辯似乎不足以完成除魅的工作，來自歷史研究的協助是必不可少的。

16 關於周公與巫的關係，可參考加藤常賢，《中国古代文化の研究》，頁五五—五六、三七六—三八六。

17 見 Herbert Fingarette, *Confucius: The Secular as Sacred* (New York: Harper & Row, 1972), p. 3.

在本研究的脈絡中，我想著重強調，一般軸心思想家特別是孔子身上的巫文化遺痕是一個活生生的歷史見證，顯示他們都曾與禮樂傳統中巫的影響做過精神上的鬥爭，因爲在軸心時代，巫文化仍然是很有勢力的。但軸心思想家們通過鬥爭，各以不同的程度把自己從巫的魅力中解脫了出來，因而合力發動了一場全面的思想突破。在這層意義上，軸心思想家必須與最廣義的巫師(包括祝、史、卜等)加以區分。這兩種功能類型之間有巨大而眾多的差別，有些在上面已提過了。這裡讓我從歷史的觀點指出他們之間兩個互相關聯而又對比鮮明的特點。第一，巫作爲天地間或人神間的媒介，基本上是個工具，就像禮器，是爲普世君王服務的。這在甲骨文和其他商周文獻中隨處都可以得到印證。我這樣說並不排除一個可能：即他們之中偶然也產生過少數卓越的人物，如商代的巫咸或周代早期的史佚：他們可以超越時代限制而發展出個人的原創思想。但作爲禮樂系統中的宗教職能階級，一般來說，巫師不像軸心突破時期的思想家(按：即所謂「先秦諸子」)那樣，可以在思想和行動上發揮個人的自主權。第二，作爲君王的工具，巫往往有義務爲既有秩序辯護並支持它的運作，如巫咸和巫賢之例所示。在最糟的情況下，就像在西周厲王的暴政下，巫甚至要充當他的特務，幫他消弭所有反對的聲音。與此成爲對照的，軸心思想家就像韋伯所說的「先知」，時常援引道或天的道德權威，「在重要的事務上把自己明確放在既有秩序的對立面」。就我們所知，這一批判性的向度在巫的身上是明顯找不到的。

讓我把我的意思說清楚：我之所以將軸心突破聯繫到巫文化，絕不是說，中國宗教在孔子時代依然處於「原始」階段。事實上，禮樂傳統中的繁複祭祀系統，作爲一種宗教型態來看，已發展至高度成熟的境界。但不可否認的，這一傳統長期以來一直在巫文化的影響之下。孔子不能完全擺脫某些巫的觀念的糾纏是不必詫異的。他自幼即受「禮」的薰陶，中年以後作為軸心突破的一位先驅，他自然是以禮樂傳統作為思想或哲學突破的主要對象。但是由於他採取了重新詮釋而不是全面拒斥的態度，因此對於禮樂傳統(包括其中巫的成分)既有所棄置，也有所繼承。這正符合黑格爾(Hegel, 1770-1831)所特別強調的辯證歷程——所謂「奧伏赫變」（Aufhebung）——既有揚棄，也有保存。但是另一方面我們也必須清楚地認識到，孔子從未正式倡導過「禮」傳統中那些神奇(巫)的向度。相反的，「子不語怪、力、亂、神」（《論語・述而》）是他一貫的思想立場。我們可以說，在他的有關「道」的構想中，孔子已將「巫」的精神因子壓縮至非常邊緣的位置。如我們前面已經看到的，只有在無法實現其神聖使命而深沉絕望的狀態中，這一面相才偶然浮現。《論語・述而》：「五十以學易，可以無大過矣。」此語大致可信，但是孔子的目的不是要宣揚巫師的占卜技能，也不是為了和鬼神世界進行溝通。他似乎相信，「學易」可以得到一種感化人的精神力量(如「為政以德」之「德」)，其功能與巫師的「神通」或有相似之處，甚至二者之間也可能存在著某種歷史淵源(史華慈便曾用"inner spiritual magical power"形容孔子所用的「德」字)。但孔子的「神通」是為了通向「道」，絕不能與巫師的技能相提並論。《易・繫辭上》有幾句話是應該嚴肅看待的：

夫易，聖人之所以極深而研幾也。唯深也，故能通天下之志；唯幾也，故能成天下之務。唯神也，故不疾而速，不行而至。子曰：「易有聖人之道四焉」者，此之謂也。

這是對孔子「學易」及其「神通」的一種解說。明乎此，則馬王堆帛書〈要〉的作者假聖人之口說：「吾與史巫同涂而殊歸者也」，似乎捕捉到了孔子的眞精神。

第六章

「天人合一」的歷史演變

我們研究古代禮樂傳統和巫文化之間的互相交涉，最後不可避免地要回到本文開始時所提到的「天人合一」的觀念。在〈引論〉章中，我指出，錢穆先生的晚年定論及其所引發的一場爭辯顯示出這一觀念在現代還具有活力。現在我要另舉一例來加強我的論斷。一九四三年金岳霖（一八九五—一九八四）寫了一篇英文論文以概括「中國哲學」的獨特型態；他指出「天人合一」的命題作爲中國哲學的一個主要特徵。他不但分析了這一命題本身的複雜性質，而且引申至其他相關的「合一」論，如政治與倫理、個人與社會、內聖與外王等等[1]。爲什麼專治英、美哲學的金

1 Yueh-lin Chin, "Chinese Philosophy," in *Social Sciences in China*, vol. 1, no.1 (March, 1980), pp. 83-93. 關於「天人」及其他相關的「合一」的討論，見pp. 87-91. 按：金氏此文初未刊行，但因馮友蘭英文本《中國哲學小史》(Fung Yu-lan, *A Short History of Chinese Philosophy*, New York: Macmillan, 1948)曾加以介紹，金氏的基本觀點在西方哲學界頗受到注意。但英文稿正式發表以後，在大陸上似未引起積極反響。夏鼐（一九一

先生忽然興發，竟要爲中國哲學繪像呢？答案其實不難尋找。他的哲學同道馮友蘭自一九三九年起正在通過「新理學」體系的建立以推動中國哲學的現代化。馮先生不但認爲「天人之際」是中國哲學的「主要對象」，而且他自己所嚮往的哲學境界也是「天人合一」。所以他終身服膺張載「爲天地立心，爲生民立命」的名言[2]。金先生對於馮的哲學取向是同情和同意兼而有之，他的論文似乎可以斷定是對於「新理學」的一種響應。無論如何，「天人合一」的命題在當時中國哲學界仍然占據著中心的位置，這是不容置疑的。

何以「天人合一」在現代中國思想界還能發揮出這樣大的吸引力呢？文化傳統是一個決定性的因素。略略回顧一下歷史，我們便會發現：從先秦諸子到宋、明理學和心學，「天人合一」在每一時代的主流思潮中都構成了懷德海所謂「基本預設」(“fundamental assumptions”)之一[3]。我們也可以說，「天人合一」是中國思想史上一個重要的基調。「天人衝突」或「天人分途」的假定雖然也時時出現，但大體言之，都始終處於相當邊緣的位置。

(續)〇——一九八五)在日記中祇說「英文寫得漂亮」，對於所謂「中國哲學之特徵」則持否定的態度。(見《夏鼐日記》卷八，上海：華東師範大學出版社，二〇一一，頁三九五。)

2 可看馮友蘭，《三松堂自序》(北京：三聯書店，一九五四)，第六章。

3 Alfred North Whitehead, *Science and the Modern World* (New York: Free Press, 1967), p. 48.

「絕地天通」下的巫與禮

基於以上對於「天人合一」觀念及其在思想史上的重要性的認識，我們有必要立專章加以討論。下面我們將作一番探源和溯流的工作而以軸心突破爲前後兩期的分水線。以前各章中雖已有涉及「天人合一」的地方，但本章則是從整體觀點對這一問題作系統的處理。

在〈引論〉章中，我們看到：在傳統的顓頊時代，「絕地天通」已是一種特殊型態的「天人合一」。我更進一步指出，這是中國遠古王權對於巫術的政治操縱。但「絕地天通」畢竟只是神話，不可能找到當時文字記載的印證。然而幸運得很，現代的鋤頭考古學卻給我們提供了意想不到的支援。下面是蘇秉琦（一九〇九—一九九七）關於良渚文化的觀察：

> 至遲開始於西元前第三千年中期的良渚文化，處於五帝時代的前期後期之間，即「絕地天通」的顓頊時代。良渚文化發現的帶有墓葬的祭壇和以琮爲中心的玉禮器系統，應是宗教已步入一個新階段的標誌。

緊接著他特別以瑤山遺址所發現的祭壇和玉禮器（如琮、鉞等）爲根據，揭示出巫文化和政治權威的關係：

> 男覡女巫脫離所在群體葬地，集中葬於祭壇，是巫師階層已形成才可能出現的現象。女巫一般無琮，說明男覡地位一般高於女巫，（中略）……瑤山等地墓葬最值得重視的現象，是琮、鉞共爲一人隨葬物，顯示神、軍權集於一人的事實。玉琮是專用的祭天禮器，設計的樣子是天人交流，隨著從早到晚的演變，琮的製作越來越規範化，加層加高加大，反映對琮的使用趨向壟斷。對天說話、與天交流已成最高禮儀，只有一人，天字第一號人物才能有此權利，這就如同明朝在北京天壇舉行祭天儀式時是皇帝一人的事一樣。這與傳說中顓頊的「絕地天通」是一致的。[4]

考古發現和神話竟能互相印證到如此若合符節的地步，實在可謂異數。「絕地天通」是政治操縱下的「天人合一」，至此已可看作一個有根據的論斷，而不是玄想了。

考古的發現支持了近幾十年來的一個新看法，即「天人合一」的觀念在古代中國的流行，最初源於巫文化，復由於巫文化後來主宰了「禮」的系統，這一觀念便在人們的意識深處牢牢地扎根了。《說文解字．示部》說「禮」字曰：「所以事神致福也；從示從豊。」又豊部說「豊」字曰：「行禮之器也；從豆象形。」殷墟卜辭有「豊」字，據王國維（一八七七—一九二七）的解釋，「豐」字實象二玉在器之形，「盛玉以奉神人之器謂之曲若豐……又推之而奉神人之事，通

---

4 蘇秉琦，《中國文明起源新探》（香港：商務印書館，一九九七），頁一二〇—一二四。

謂之禮。」[5]所謂「二玉在器」，大概即指璧與琮，即分別象徵天與地的符號。人要「事神致福」，首先必須和天神、地示交通，這便不能不仰賴於「禮」的有效運作；「群巫之長」（人王）或巫師則是不可或缺的中介。這一情況在卜辭中也有清楚的反映。

《周禮・春官・大宗伯》說：「大宗伯之職掌建邦之天神、人鬼、地示之禮。」後面《周禮》所記祭祀對象便依照這三類而分別列出。值得注意的是卜辭所見的祭祀對象竟與《周禮・大宗伯》大體相同，如天神類的上帝、日、風、雨；地示類的社、山、川、四方；人鬼類的先王等[6]。由此可知「天人合一」在殷、周時代確是通過「禮」的系統而實踐的。「春官」在古代主管一切有關祭祀等禮樂事務，因此其中專司與神、鬼、示交通的人員如祝、卜、巫之類，名目繁多。據我檢查《周禮》文本，這些人員大致可以分成執行中介職務的祝、卜、巫和他們的管理者兩類。但無論屬於哪一類，他們應該都是受過專門巫術訓練的人。這裡引出了一個很多人關心但還沒有找到答案的問題，即中國的巫究竟是怎樣產生的？據薩滿專家的研究，薩滿的通神能力（"shamanic powers"）有多種來源，包括上帝特賜、家世相傳、夢中神授、老輩導引、精神狂昂

5 王國維，《觀堂集林》卷六，〈藝林六・釋禮〉（北京：中華書局，一九五九），第一冊，頁二九〇—二九一。

6 陳夢家列了兩張表，分別代表《周禮》和卜辭中的三類祭祀對象，兩表相同處甚可驚異。見《殷墟卜辭綜述》，頁五六二。

(“ecstasy” or “trance”)的經驗等等[7]。

由於史料缺乏，中國古代的巫術是怎樣流傳和發展的，我們的知識幾乎是一片空白。只有從殷代巫咸與巫賢父子的例子，我們略可推知家世相傳或是一個重要的方式[8]。但是我最近在《周禮》中發現了兩個線索，雖不能充分解答上述的問題，卻多少可以填補一點空白。一、《周禮・春官・序官・神士》：「凡以神士者無數。以其藝爲之貴賤之等。」鄭玄注曰：「以神士者，男巫之俊，有學問才知者。藝謂禮、樂、射、御、書、數。」但孫詒讓在遍引相關資料加以分析之後，下斷案曰：「故知此神士是巫。……案此藝，當謂技能，即指事神之事，不涉六藝也。」[9]孫氏同意鄭注以「神士」爲「巫」，但不同意此處「藝」字指六藝，而斷定「藝」是「技能」，專爲「事神」而發展出來的。這和薩滿研究者所用的「技能」(“techniques”)如出一轍。我認爲這一解釋相當合理。如果接受這個說法，則巫術已發展爲一整套的「藝」，其中且有高下難易等等分別；像六藝一樣，這套巫「藝」也是可以傳授的。二、〈春官宗伯下〉的「司巫」條云：「國有大烖(災)，則帥巫而造巫恆。」這裡「巫恆」是歷來注疏家聚訟之所在。注引杜子春云：「司巫帥巫官之屬，會聚常處以待命也。」但鄭玄則說：「恆，久也。巫久者，先巫之故事；造之，

7 見 Eliade, *Shamanism*, chapters 3 and 4, pp. 67-144.

8 Arthur Waley 研究「巫」的起源便持這一看法，見 *The Nine Songs: a Study of Shamanism in Ancient China* (London: George Allen and Unwin LTD, 1955), pp. 10-11.

9 孫詒讓，《周禮正義》，第九冊卷三十二，頁三四—三五。

當案視所施爲。」兩說不同，但有一共同之點，即以「巫恆」爲巫社群的一個經常聚會或活動的場所。若依杜說，它似是巫的官衙，若依鄭說，則似爲前輩巫師的居處而兼檔案館。孫詒讓經過詳細研究之後，對兩說各有進一步的補充：關於杜注，他說：「巫官之屬，即男巫、女巫、神士之屬；會聚常處，謂巫官常所居之官舍，會聚其處，以待禱祈之命也。」他不但用「男巫、女巫、神士之屬」來闡明「巫官」的涵義，而且直截了當地斷言「巫恆」即「巫官常所居之官舍」。至於將「待命」界定爲「待禱祈之命」，他的用意顯然是要讀者知道：「巫官」的職務嚴格局限於「事神之事」，即與神、鬼、示溝通。關於鄭注，他說：「先巫，謂先世始爲巫者。」他又引賈公彥疏：「以恆爲先世之巫久故所行之事，今……往造所行之事，案視所施爲而法之。」[10] 這是把「巫恆」看作上一代巫師的居處，因此遇到大災時，司巫必須帶領巫官去向他們請教，查看他們以前是怎樣應付的。這一解說顯然假定巫的職業以世襲爲常。無論接受其中任何一種說法，我們都假定了古代巫社群存在著一個共同活動的場所。以上這兩條材料似乎指向一個可能性：中國古代的巫既有一整套「事神」的技能，又發展出某種共同的組織。正是這一世代相傳的巫社群，通過禮的系統，在「絕地天通」的嚴格限定下，長期承擔了「天人合一」的特殊任務。

「絕地天通」作爲一種宗教想像至少在理論上一直延續到軸心突破的前夕。但這個時期太長

10 孫詒讓，《周禮正義》，第十四冊卷五十，頁五四。

了，其中自然發生過某些變動。不過我們不能在此展開討論，只能就殷、周的情形略溯其流變。在〈引論〉章我已根據殷王在占卜中異常活躍的事實，推斷他緊握與上帝（及其他天神）直接交通的大權不放。陳夢家據大量武丁時期的卜辭，斷言「上帝有很大的權威，是管理自然與下國的主宰。」人間的「禍」與「福」基本上全由上帝決定；上帝和地上的「時王」似乎關係尤爲密切，卜辭中有不少「帝」對「王」降「福」、保護（「缶」）、佐助（𠂇）、承諾（「若」）等紀錄，也有否定的答案。「王」伐方國，也往往先要問「帝」授佑（「又」）不授佑[11]。這些紀錄多少可以幫助我們理解：爲什麼殷王對於親自主持占卜，表現出那樣大的興趣，以致現代研究者竟把他看作是「群巫之長」。後世「殷尚鬼」的概括確是有根據的。

「天命無常論」的出現及其涵義

一般的看法，周代在宗教上的最大特色是「天」的出現和流行，而殷代則只有「上帝」，尚無「天」的概念。這是今天學術界的一種共識。然而也不宜執之過甚，視爲定論。例如有人指出：殷代卜辭中已有「天」的觀念，不過以「帝」字來表示而已[12]。不但如此，《尚書》中〈盤

11 陳夢家，《殷墟卜辭綜述》，頁五六二—五七一。
12 王宇信，《西周甲骨探論》（北京：中國社會學出版社，一九八四），頁一八〇。王君的根據在胡厚宣，〈殷卜辭中的上帝和王帝〉（上、下），《歷史研究》，一九五九年第九期，頁二三—五〇；第一〇期，頁八九—

庚〉、〈高宗肜日〉、〈西伯戡黎〉、〈微子〉等篇也數見「天」、「天命」、「天子」等詞，未必都是周人改寫的。我很贊成傅斯年下面的說法：

> (殷)既有如許眾多之神，又有其上帝，支配一切自然力及禍福，自當有「天」之一觀念，以爲一切上神先王之綜合名。……今日不當執所不見以爲不曾有也。[13]

這不失爲通人之論。因此我相信，「天」的觀念至少在殷代晚期已出現，但「周因於殷禮」，擴大了「天」的應用。這裡最值得重視的是殷、周之際王與統治階層對於「天」顯然發生了疑懼，隨之而有「天命無常論」的興起。前面第二章已提及，「天不可信」(《尚書．君奭》)、「天命靡常」(《詩．大雅文王》)等語常見於《書》、《詩》之中，但未加深論。現在讓我借此機會，作進一步的陳述。首先我要指出，「天命無常論」之廣泛流行主要是因爲殷、周易代之際，周人全力宣傳「天」已將治理下土的「天命」從殷王朝轉到周王朝的身上了。例如周公不僅對自己人如此說(如〈大誥〉)，而且對殷遺民更反覆剴陳此義(如〈多士〉)。「天」爲什麼轉移其信任呢？這就必須和「天視自我民視，天聽自我民聽」的新信仰聯繫起來，才能充分理解。「天」或

(續)

一一〇。

13 傅斯年，《性命古訓辨證》，頁二七八。

「上帝」現在開始直接注意「民」對統治王朝所作所爲的反應，不完全聽信王一人的話了。然則在「絕地天通」的狀況下，「天」或「上帝」究竟以何種方式獲知下土小民的心理狀態呢？〈召誥〉對這一問題提出了明白的答案：

天既遐終大邦殷之命，茲殷多先哲王在天，越厥後王後民，茲服厥命。厥終，智藏瘝在。夫知保抱攜持厥婦子，以哀籲天，徂厥亡，出執。嗚呼！天亦哀于四方民；其眷命用懋。王其疾敬德。

大意是說：殷自紂即位以來，天命久已告終。但因天上殷先王先哲「在帝左右」者頗不乏其人，所以「後王(紂)後民」還勉強能維持天命於暫時。最後紂眾叛親離，賢智隱逸不出，而小民又困於行役，於是小民都攜帶妻兒向天呼籲，詛咒紂之速亡，以逃離黑暗的境地。天哀痛四方之民，終於將眷顧之命從商轉移給周[14]。由此可知，民雖不能直接和「天」或「帝」交流，然而他們「窮則呼天」，對暴君和虐政的詛咒卻收到了「上達天聽」的效果。同時，「天命靡常」的終極原因也在此得到了解答。

其次，「天命無常論」在古代政治思想史上劃時代的重要性雖已取得共識，但是它的涵義在

14　譯文參考曾運乾，《尚書正讀》，頁一九三。

現代學人間仍存在著分歧。一種看法是認爲周人已根本懷疑「天」，只是將「天」視爲工具而利用之。另一見解則相反，即「周初人之敬畏帝天，其情至篤……其認定惟有修人事者方足以永天命，自足以證其智慧之開拓，卻不足以證其信仰之墮落。」[15]兩說相較，我取後說，因爲前說過於將周初人現代化了。

最後，從本書的觀點看，「天命無常論」的重大意義毋寧在於它動搖了「絕地天通」的長期統治，爲「天人合一」進入第二階段開闢了道路。在「絕地天通」嚴格執行的時期，下土的王壟斷了與「天」或「帝」的交通；他指定所信任的巫師作爲天人之間的中介，但有時也親自出馬，以「群巫之長」的身分直接與「天」或「帝」打交道。總之，「天人合一」完全繫於地上的「余一人」之身。但現在「天」或「帝」隨時隨地注視「四方民」的哀呼和詛咒，則「絕地天通」便再也無法有效行使了。在王及其統治集團一方面，他們也深知「天命」已不能僅靠「天」或「帝」的「眷顧」而保持下去了。他們必須高度警惕，戰戰兢兢，用自己治天下的成績來「祈天永命」，所以周公一再叮嚀成王「不可不敬德」，「惟不敬厥德，乃早墜厥命」（均見〈召誥〉）。這在中國古代政治史上自然是一大進步，但第一階段的「天人合一」卻也因此發生了重大的變化。再進一步，便是軸心突破了。

15　前說見郭沫若，〈先秦天道觀之進展〉，收入《青銅時代》（北京：人民出版社，一九五四），頁二〇；後說見傅斯年，《性命古訓辨證》，頁二九七。

軸心突破後的新「天人合一」說

軸心突破以後「天人合一」的觀念發生了革命性的大變化，上文已隨處都有討論。現在讓我做一次提綱挈領的綜述，並補充一些前所未及的論點。

首先我必須提醒一句，中國古代的軸心突破是和諸子百家的出現分不開的。這不僅中國爲然，其他世界文明如希臘、印度、以色列等也無不在突破前先出現一群精神上的先覺，前引韋伯、雅斯培等人已將這一論點闡發得很明白。所以這一全新的「天人合一」觀主要是先秦思想家發展出來的，而且最初也僅僅在諸子百家的世界中流傳，後來隨著時間的推移才逐漸擴散到一般社會中去。至於舊的「天人合一」觀仍在上層或下層社會中占有很大的勢力，那是不在話下的。諸子百家是從中國「士」的階層中產生的，這是一個長期歷史演進的歷程，對於中國軸心突破的獨特型態發生過重大的影響。關於這一歷史背景，我已另有專文研究，此處不能旁涉[16]。

在突破後的「天人合一」論中，「天」和「人」的涵義都同時發生了根本的變化。現在「天」已不再是先王先公「在帝左右」的天廷(換句話說，即不再是鬼神的世界)，而指一個超越的精神領域，當時各學派都稱之爲「道」。「天」與「道」是被看成二而一、一而二，不可截然

16 參看我的〈古代知識階層的興起與發展〉，收在《中國知識階層史論(古代篇)》，頁一—一〇八。

分判的。所以後來董仲舒有「道之大原出於天」的名言（《漢書·董仲舒傳》），《淮南子·原道訓》則有更誇張的描述，把「道」說成「覆天載地」或「包裹天地」；那麼「道」便成爲至大無外之物了。在第四章〈從巫傳統到氣化宇宙論〉中我已論證過了，「道」是最高的精神實體，其構成因子一般稱之爲「氣」；「氣」則有精微與粗糙或清與濁之分，例如「天」之氣清而輕，「地」之氣濁而重。第二階段「天人合一」之「天」既是「道」－「氣」構成的宇宙全體，它和第一階段之「天」在性質上完全不同，這是不待再說的。然則這一「道」－「氣」合成之「天」究竟是什麼性質？爲了使討論易於進行，讓我試作一簡要的概括。「道」和「氣」都是非常複雜的概念，歧義極多；現代研究雖因新史料的發現而不斷增加，但仍然沒有取得任何共識。反覆考慮各家意見之後，我斷定「氣」基本上指的是生命之源，「道」則是價值之源，兩者合起來即表達了軸心突破後所謂「天人合一」之「天」的主要涵義。關於這個「人」在先秦各家中的具體呈現，稍後再談。現在我要將「人」的涵義在軸心時期的變化重新作一簡述，以避免可能引起的混亂。

在「絕地天通」時期，只有地上人王以全民代表的名義擁有與「帝」或「天」直接交通的特權。（另一方面，王對於萬民則號稱他是奉「天」或「帝」之「命」在人間建立並維持秩序的。）但是他必須通過一種特有的神奇法術才能和「帝」或「天」取得直接聯繫，這便是所謂「巫術」。王或者以「群巫之長」的身分，或者指派他所信任的巫師主持天人之間的交通。所以我稱這種交通爲集體方式的「天人合一」，即由地上的「余一人」代表人民的集體與「天」合一。軸心突破以後，「人」立即由集體本位變成個人本位；這便是雅斯培所說的「初次有了哲學家。人作爲個人，敢於依靠自己。」(見第三章)因此軸心思想家，無論屬於何派，都是以個人的身分追求與「道」──「氣」構成的「天」合而爲一。這裡我必須澄清一個可能的誤會。就事實而言，軸心時期追求新「天人合一」的個人──雅氏所謂「哲學家」──都來自文化精英(elite)階層(湯恩比Arnold Toynbee稱之爲「創造少數」〔"creative minority"〕)。但在理論上，這一追求在軸心時期的中國則完全是開放的，絕不限於少數精英，《大學》所謂「自天子以至於庶人，壹是皆以修身爲本」，即是明證。孟子「人皆可以爲堯舜」和荀子「塗之人可以爲禹」也表達了同樣的意識。

「天」和「人」的意義得到確切的說明之後，我們才能進一步討論新「天人合一」如何實踐的問題。突破前的「天」是鬼神世界，突破後的「天」則是道─氣世界(也可簡稱爲「道」)，上面已交代過了。因此前後兩型的「合一」必然歸宿於兩套不同的實踐，自不在話下。一個最富於啓示意味的實例便是孔子對於鬼神的態度。他答樊遲問「知」(即「智」)，曰：「務民之義，敬鬼神而遠之，可謂知矣。」(《論語·雍也》)季路問「事鬼神」，他的答語是「未能事人，焉能事鬼。」(同上〈先進〉)我們不能根據這兩句話推斷孔子是否信仰鬼神，但可以肯定他已自覺地和鬼神世界保持著距離。與鬼神世界相對照，「道」世界卻是他終身追求的對象，所以有「朝聞道，夕死可矣」(同上〈里仁〉)的名言。「天人合一」在他的實踐中顯然已轉換爲如何與「道」融合爲一了。這一基本態度也見於他在祭禮的實踐上面：「祭如在，祭神如神在。」(同上〈八佾〉）孔子的祭祀觀在戰國晚期更發展到它的極限。荀子說：

祭者，志意思慕之情也……。其在君子，以為人道也；其在百姓，以為鬼事也。（《荀子・禮論》）

荀子顯然比「祭如在」走得更遠了，竟把祭祀的意義限定在生者對死者的「思慕之情」上面。但更值得注意的是「人道」和「鬼事」之對舉。同一祭祀，為什麼「君子」以為「人道」而「百姓」卻以為「鬼事」呢？這當然是因為「君子」相當於雅斯培的「哲學家」，已進入「道」世界，而「百姓」則仍停留在巫文化的籠罩之下。荀子之世，巫文化因時君的提倡而在民間大為活躍。《史記・孟子荀卿列傳》說：「荀卿嫉濁世之政，亡國亂君相屬，不遂大道而營於巫祝，信機祥。」司馬遷所揭示的歷史背景是可信的，我在第四章之末已引《管子・權修》：「上恃龜筮，好用巫醫，則鬼神驟祟。」這一段話所反映的是戰國晚期齊國的情況。荀子在稷下很久，必曾親見巫風的復盛，他說「百姓」以祭祀為「鬼事」，確是有感而發。他特別提出「君子」的「人道」與「百姓」的「鬼事」作一鮮明對照，其目的正是要用軸心突破後的哲學性思維來和源遠流長的巫文化抗爭。如果再回顧一下莊子與巫之間的尖銳鬥爭（見第四章所引〈人間世〉和〈應帝王〉），則當時新舊兩大精神陣營互相衝突的形勢宛然如在眼前。討論至此，我又不得不補說一句，前面所論新「天人合一」論的形成誠然是思想史上一件劃時代的大事，但是新說卻未能完全取代舊說。大體言之，新說在軸心思想各派中發展，而舊說卻流行於民間；在長期共存的狀態下，兩者之間的交涉也是十分重要的。

我說新舊兩大系統的「天人合一」共存而互相交涉，這是一個經過考慮的斷語。所謂「交涉」主要是指軸心思想家在建構他們的新「天人合一」說之際，一方面全力與舊說爭勝，如上文所述，但另一方面卻自覺或不自覺地吸取了舊「天人合一」說的某些引人入勝的特色。不過他們並不是直接移用，而是經過提升與改造之後，推陳出新。但在正式討論這一複雜的交涉過程之前，我必須將先秦幾個主要學派所嚮往的「天人合一」境界勾勒出一個大概，以展示新「天人合一」作爲一個精神運動的共同型態及其內在歧異。限於篇幅，下面只能舉少數例證，略作說明。

孟子說：

> 萬物皆備於我矣。反身而誠，樂莫大焉。強恕而行，求仁莫近焉。（〈盡心上〉）

莊子說：

> 天地與我並存，而萬物與我爲一。（〈齊物論〉）

惠施說：

氾愛萬物，天地一體也。（《莊子・天下》）

孟、莊、惠分別來自儒、道、墨三派，在先秦諸子百家中恰好具有很高的代表性。三家思想各不相同，這是我們都知道的，然而所嚮往的「合一」的境界卻驚人的一致。他們深信「人」和「天地」、「萬物」本屬「一體」，這便是我在上面所說的「道」——「氣」構成的宇宙全體（亦即軸心突破後的「天」）。我爲什麼能作此斷定呢？理由有二：第一、他們相信天地、萬物和人同是「氣」創生出來的，故可稱之爲「一體」。第二、天地、萬物和人之「並存」顯然呈現出一種秩序，即體現一價值系統，故名之爲「道」。在這一認識的基礎上，軸心思想家復提出進一步的要求：即人必須努力爭取並保持與天地、萬物處於「合一」的狀態，此即「萬物皆備於我」或「萬物與我爲一」之所指。如果改用我在上面建議的語彙表達之，與天地、萬物合一即是回到「生命之源」、「價值之源」，或與「氣」合一、與「道」合一。至於如何才能達到這一「合一」的精神境界，後面將作討論，暫且放下。現在我想對以上三家所嚮往的「合一」境界提出兩點觀察。

首先，三家的境界雖驚人的一致，卻各守其學派的立場，這是很可注意的。孟子強調「萬物皆備於我」，是爲了實現「誠」、「恕」、「仁」，即儒家的中心價值；惠施從「天地一體」推出「氾愛萬物」，也是要發揮墨家的理想，「氾愛」即是「兼愛」；莊子「天地與我並存，而萬物與我爲一」則在爲「無爲」、「放任」的政治、社會思想尋求立論的根據[17]。由此可見，軸心思想家雖以個人的身分尋求新的「天人合一」，但他們所關懷的並不僅止於個人的「得道」(或西方宗教所謂「得救」[“salvation”])，而是通過「天人合一」的精神修煉以建立理想的政治、社會秩序。所以孔子答子路「修己」之問，先說「修己以敬」，再說「修己以安人」，最後則說「修己以安百姓」；分三層說而一層轉進一層(《論語・憲問》)。這一觀點，《管子・心術下》發揮得更爲清楚：

> 執一之君子，執一而不失，能君萬物。日月與之同光，天地與之同理。……心安是國安也，心治是國治也。治也者心也，安也者心也。治心在於中，治言出於口，治事加於民。故功作而民從，則百姓治矣。(〈內業〉也有同一段話，比較簡略，末語「百姓治」作「天下治」，可參看。)

文中「執一」之「一」，即是「天人合一」之「一」，所以說「日月與之同光，天地與之同理。」始於個人精神修煉，而歸宿於「安百姓」或「治天下」，這是軸心時代新「天人合一」的

17 按：惠施是「別墨」，胡適、梁啓超、錢穆諸先生都如此說；關於莊子，可看蕭公權，《中國政治思想史》(台北：聯經出版公司，一九八二)，上冊，頁一八五—一八九。

一個主要特色。所以司馬談論「六家要旨」云：「夫陰陽、儒、墨、名、法、道德，此務爲治者也。」（《史記・太史公自序》）這一論斷緊緊抓住了先秦思想的基本性質。六家之中，名家好像和「務爲治」的關係最疏遠，除了「正名」的聯想之外。但劉向卻告訴我們：「論堅白異同，以爲可以治天下。」（《漢書・藝文志》「名家」《毛公九篇》顏師古注引《別錄》）這便大大加強了司馬談論斷的說服力。不用說，司馬談和劉向是漢代最熟悉先秦學術思想的專家，他們的觀察必須受到我們最大限度的重視。

其次，孟、莊、惠三家與天地、萬物合一的境界，用西方宗教和哲學的語彙來表述，即是一種「神祕的合一」（"mystical union" or "mystical oneness"）。但西方「神祕的合一」往往指個人與上帝或「最高的神」（"Supreme deity"）的「合一」；此上帝或「最高的神」和人是截然分屬兩個絕不相同的領域，通常分別稱之爲「神聖」(sacred)和「凡俗」(profane)。因此對於個人(或個別自我("individual self"))而言，上帝或「至高的神」是一神祕而又威力驚人的「他者」("The Other")。人雖可有與神「合一」的經驗，但「合一」的主體是神而不是人，後者並未因此而變成神。所以這種「合一」("union")在西方常用結婚來作比喻。不但如此，與神「合一」的神祕經驗是極難得到的；修煉極深厚的人也許一生可獲致三五次這樣的經驗，功力稍淺者也許一生僅有一次。而且千辛萬苦得來與神合一的妙境，只要求道者熱情減退，立刻便從「神聖」領域墮退回

「凡俗」世界[18]。從字面上看，「人和神的合一」是和中國「天人合一」最相近的觀念，但兩者之間的差異如此之大，顯然不能相提並論。中國軸心時期的「天人合一」既是回到「生命之源」（「氣」）和「價值之源」（「道」），即「人」與「天」交接的終極所在（“ultimate”），這裡便根本不發生「自我」與「他者」互相對峙的問題。所以《中庸》說：「可離非道」、「道不遠人」。西方論「神祕的合一」的專家曾提出一種看法，認爲宗教上的神祕主義可劃分成兩大型；一是「有神論的神祕主義」，指人與上帝合一；另一是「一元論的神祕主義」，則指「與一普遍之理認同」（“identity with a universal principle”）。前一型包括猶太教、基督教、伊斯蘭教等，而後一型似可將中國軸心突破後的「道」收納於其中[19]。孟、莊、惠三家作爲神祕主義者（“mystics”）無疑都認同於「一普遍之理」；他們追求的，不是與「上帝」或「至高之神」的「合一」，而是與「道」的「合一」。這是中國軸心突破的一個最顯著的文化特色。

18　見 Pierre Hadot, *What is Ancient Philosophy?* translated by Michael Chase（Cambridge, Mass.: Belknap Press of Harvard University Press, 2002), pp. 160-162.

19　這是根據伍安祖(On-cho Ng)所引 Geoffrey Parrinder, *Mysticism in the World's Religions*（London: Sheldon Press, 1976）。見 On-cho Ng, “Mystical Oneness and Meditational Praxis: Religiousness in Li Yong's（1627-1703）Confucian Thought,” in *Journal of Chinese Religions*, No. 22（Fall, 1994), pp. 78-79.

延續與改造——新舊「天人合一」說的交涉

現在讓我們進一層追問：爲什麼上述三家都不約而同地追求與天地、萬物「合一」的境界？這便涉及上面提到的前後兩系「天人合一」的「交涉」與「互動」問題。舊「天人合一」說是在三代禮樂的發展和演變中逐步形成的，而禮樂傳統則一直在巫文化的主宰之下。前面已指出，中國的軸心突破有其獨特的歷史和文化背景，即春秋以下的「禮壞樂崩」。軸心突破的一個重要前提便是「初次有了哲學家」，他們站在哲學思維的高度上重新闡釋以至改造原有的禮樂傳統。孟、莊、惠所從出的儒、道、墨三派恰好出現最早，分別從不同的角度開拓新「天人合一」說；他們在大方向上殊途同歸毋寧是極其自然的。在互動的過程中，新「天人合一」作爲一個思想系統在實質內容方面超越了舊「天人合一」；關於這一層，以上各章論之已詳。但就思維結構與思維模式而言，新舊兩大「天人合一」的系統之間則又有一脈相承之處。爲了使問題的眉目更爲清晰，以下我將從三個層次加以分析。

第一、新「天人合一」在整體結構上脫胎於舊「天人合一」，這是顯而易見的。儘管「天」和「人」所指在新舊系統中根本不同，「合一」的方式也截然異致，但「天人合一」作爲一個概括性的關鍵詞卻同樣恰如其分地刻劃出軸心突破前後兩大階段中國精神世界的特色。僅此一端，即可見新系統在結構上是舊系統的延續。在這一關聯上，我必須提及故友秦家懿(Julia Ching,

1934-2001)的相關看法。她推斷「天人合一」的想像最初始於遠古降神的經驗，即人在一種神祕和發狂的精神狀態中，感受到和神合而爲一("mystic and ecstatic union")。她進一步指出，這其實即是巫師的經驗，特別是作爲「群巫之長」的人王(「余一人」)的降神經驗。由於這一最早的原始經驗留下的印象太深刻了，古人不能忘記，因此在詩歌、神話、禮儀中往往找得到痕跡。不但如此，「天人合一」自孔子以下成爲中國哲學(或思想)的一個基調，從先秦到宋、明，與天地、萬物爲「一體」的意識彌漫在儒、道、釋三大系統之中。推源溯始，這一意識也是輾轉從「群巫之長」的降神經驗中演變出來的[20]。這裡有兩點值得注意：其一、「天人合一」的初源在「絕地天通」時期「群巫之長」的降神經驗，這一推斷是合乎歷史實際的，本章開始時所引考古資料已證實了這一點。其二、先秦以來人與天地、萬物「一體」的哲學論證也導源於巫的原始經驗。這是從不同的角度強調「天人合一」在中國精神史上的貫通性。秦家懿雖然沒有以軸心突破劃分階段，但以上兩點都間接地但卻十分有力地支持了新舊兩系在結構上一脈相承的說法。唯一可以商榷的是：這一連續性之所以可能，似乎並非如她所說，是由於後代對於降神的原始經驗的深刻記憶，因爲這只是一種推測，無從取證。從歷史上觀察，這毋寧是因爲巫文化一直寄託在禮樂傳統之中，基本上沒有中斷過。到了「禮壞樂崩」的時代，中國的軸心突破卻又採取了比較溫和的方式，對於原有的禮樂進行了重新闡釋和改造。我認爲正是由於這一獨特的歷史背景，「天人合

20 見 Julia Ching, *Mysticism and Kingship in China*, 特別是pp. xi-xviii; 99-102; 173-180.

一」的結構不但沒有遭遇被顛覆的命運，而且還得以比較完整地保存了下來。

第二、在軸心突破以前，「天人合一」完全仰賴巫作中介，以建立「人」、「神」之間的交通管道。但在軸心突破以後，哲學家(或思想家)則必須依靠自己的能力與「道」合一；在這個新系統中，巫已不能發生任何作用了。從表面上看，新舊兩系統似乎毫無共同之處。但深一層觀察，我們便會發現，這些哲學家(或思想家)在尋求與「天」或「道」「合一」的進程中，同樣離不開中介物，不過他們的中介不是「巫」而是自己的「心」。再進一步對他們所描述的有關「心」的種種活動加以檢視，我們更會發現：「心」在新「天人合一」中的功能竟和舊「天人合一」中的「巫」有驚人的一致性。我們甚至可以說，「心」即是「巫」轉世的後身。

儒家心學大師孟子說：「孔子曰：『操則存，舍則亡；出入無時，莫知其鄉。』惟心之謂與？」(《孟子．告子上》)孔子原文何所指，今已無法確定，但孟子則借這幾句話作爲對「心」的活動的一種描述。可知當時人已認爲「心」的特色便是流動不居、「神明不測」(朱熹註語)。所以莊子也特用「乘物以遊心」(〈人間世〉)一語來凸顯「心」的「出入無時，莫知其鄉」。在這一關聯上，我們很自然地要把目光轉向《莊子》首篇〈逍遙遊〉。篇中「神人」帶著明顯的巫的色彩，前面已經提到。試讀下面關於姑射山「神人」的速寫：「不食五穀，吸風飲露。乘雲氣，御飛龍，而遊乎四海之外。」這幾句話恰好也可以移用於巫(薩滿)的身上。薩滿在修行時期是不飲不食的，無論是在西伯利亞或南美都是如此[21]。又據布雅特人(Buryats，在西伯利亞南部)的傳說，「第一個薩滿」("First Shaman")是天神創造出來的，因此具有極大的神通。他可以乘馬在雲中飛騰，也可以變幻爲種種形相，製造出後代薩滿所不可能效法的種種奇蹟。但因爲「第一個薩滿」後來狂妄自大，竟欲和天神一較高下，天神一怒之下削減了他的神通[22]。這「第一個薩滿」和姑射山的「神人」豈不是十分相似嗎?但〈逍遙遊〉字面上說的是「神人」，實際則指「心」而言。關於這一點，支遁(道林)〈逍遙論〉說得最明白：「夫逍遙者，明至人之心也。」(《世說新語・文學》「莊子〈逍遙篇〉」注所引。)我們都知道，莊子「寓言十九」，「神人」便是一種「寓言」，寄託著「心」或「精神」的意思。(《淮南子・精神訓》：「故心者，形之主也；而神者，心之寶也。」)《莊子・刻意》篇說：「精神四達並流，無所不極，上際於天，下蟠於地。」這是莊子後學論「養神之道」，恰可證〈逍遙遊〉的「神人」即「心」或「精神」的「寓言」。這一化「巫」爲「心」的運動當時遍及各家，並不限於莊子一派，讓我再舉《管子・內業》爲例：「正心在中，萬物得度。……一言之解，上察於天，下極於地，蟠滿九州。」這幾句話和上引〈刻意〉語不但意思互通，而且語言也十分接近。

但是更有趣的是舊「天人合一」中降神的活動也在經過境界提升和改造之後，轉化爲新「天

21 Mircea Eliade, *Shamanism*, pp. 43 and 84.

22 Mircea Eliade, *A History of Religious Ideas*, vol. 3: *From Muhammad to the Age of Reforms* (Chicago: University of Chicago Press, 1985), pp. 15-16.

人合一」的一個重要組成部分。在第四章中，我已引〈九歌〉及後世註釋，說明巫必沐浴自淨，以待神降於身。這是舊系統下，「天人合一」的最高階段。同時我也引了莊子「心齋」和《管子・內業》「精氣之極」諸例，以說明軸心思想家怎樣用一套新的哲學概念以取代「巫」的中介功能。這是強調新系統克服舊系統的限制而開闢了中國思想史。從這一方面著眼，中國的軸心突破可以視爲與巫傳統的破裂。現在我要將討論的重點移向另一方面，即新系統怎樣在結構上延續著舊系統而來，但卻推陳出新，「化腐朽爲神奇」；這正是所謂一體的兩面。試舉一二例以顯示這一轉化過程。

《管子・心術上》：「虛其欲，神將入舍；掃除不潔，神乃留處。」這句話初看明明是描述降神的場面，因爲表面上全襲用了舊「天人合一」的語言。《莊子・人間世》「鬼神將來舍」一語，成玄英疏云：「鬼神冥附而舍止」，可證「神將入舍」確是從舊系統中移借過來的。但我們可以肯定地說此處「神」字並非指「鬼神」而言，因爲下面談到「心」如何得「道」時說：「去欲則宣，宣則靜矣。（舊注：『宣，通也；去欲則虛自行，故通而靜。』）靜則精，精則獨立矣。獨則明，明則神矣。神者，至貴也。故館不辟除，則貴人不舍焉。故曰：不潔則神不處。」這一段解說完全證明了「神將入舍」、「神乃留處」的「神」是內心修養得來的「精神」之「神」，而不是「鬼神」之「神」。〈心術〉篇作者似乎故意用降神的語言來吸引人，但已暗中改變了「神」的涵義。事實上這裡的「神」即是「道」。「道」是流行在宇宙之中的精神實體，人通過「心」的中介求「道」，而有所得，此「道」便長駐「心」中，故可以稱之爲「德」（「得」），也可稱之爲「精」或「神」，下面將再作說明。所以我認爲〈心術〉篇「神將入舍」那句話最能使我們看清楚新系統的「心」「道」合一是怎樣從舊系統的降神信仰中移形換位而來的：「道」以「心」爲「舍」，顯然脫胎於巫術中「鬼神將來舍」；人必須掃除「心」中一切不潔的嗜欲以使「道」來長期留處，則模擬自巫師沐浴、華服、敷香以接引天神來附體。經過以上的分析，新「天人合一」在思維結構和模式上從舊「天人合一」轉化而來，便無所遁形了。很明顯的，降神是巫文化中最有號召力的一種活動，又長期以來與禮樂傳統結合在一起，軸心突破後的思想家雖開闢了新的精神境界，卻仍然沿用了巫的思維模型，這是不足驚詫的。

下面讓我再引一二資料，與〈心術上〉互相印證。首先要提到《管子．內業》。此篇中「非鬼神之力，精氣之極」之說我已在第四章中作了分析，不過所強調的是軸心思想家怎樣靠自己修煉所得的「精氣」以取代巫師所依仗的「鬼神之力」。但是如果從相反的方向觀察，〈內業〉篇的「精氣」也同樣是從巫術中的「鬼神」移形換位而來，與〈心術上〉的思路是一致的。但〈內業〉篇中尚有其他文字流露出從巫轉入哲學思維的明顯痕跡，如「心靜氣理，道乃可止」、「修心靜音（『音』或是『意』之訛），道乃可得」。這兩句話同是肯定「心」必經修煉才能引進「道」來。更值得重視的是下面一段：「定心在中，耳目聰明，四枝堅固，可以爲精舍。精也者，氣之精者也。」這也非常可能是從降神信仰中變化而來。神所附的身體應該是很健康的——「耳目聰明，四枝堅固」，所以〈內業〉作者也想像一個健康的「心」——「定心在中」——才是適於「精」來居留的所在。我認爲這幾句話和〈心術上〉「神將入舍」一節恰好互相補充、互相加強。其中唯一不同之處是〈內業〉以「精」代「神」，並特別使用了「精舍」一詞。但無論是「精」還是「神」，其實都是「道」的別稱。《韓非子・揚權》：「故去喜、去惡，虛心以為道舍。」日本學者太田方引《管子・心術上》「虛其欲，神將入舍；掃除不潔，神乃留處。」為註釋，可證他以「神」和「道」在此是名異而實同[23]。根據同一理由，〈內業〉的「精舍」和〈揚權〉的「道舍」也當作如是觀。

大體而言，自西元前四世紀以來，新「天人合一」作為一個哲學命題已趨於定型，其普遍的形式可以概括為一句話：「心」與「道」的合一。無論是孟子的「盡心」、「知性」、「知天」和養「浩然之氣」或莊子的「唯道集虛，虛者心齋」，分析到最後都可以容納在這一普遍形式之中。荀子〈解蔽〉篇說：「人何以知道？曰：心。心何以知？虛壹而靜。」這顯然也是「心」、「道」合一的另一表現方式。最近發現的郭店楚簡也同樣對這一「合一」的方式提供了有力的印證。限於篇幅，下面姑舉二例。其一，〈性自命出〉篇說：「道者，群物之道。凡道，心術為主。道四術，唯人道為可道也。」箋釋者即用上引荀子〈解蔽〉篇語與之相證發，這是很正確的理解[24]。其二，〈五行〉篇說：

23　陳奇猷校注，《韓非子集釋》（上海：上海人民出版社，一九七四），上冊，頁一三七，註六六引。關於〈內業〉、〈心術〉諸篇中「神」與「道」以及其他相關的名詞和意義，可參看柴田清繼，〈「管子」四篇における神と道〉，《日本中国学会報》卷三十六（一九八四），頁一二一—二四。

24　見劉昕嵐，〈郭店楚簡〈性自命出〉篇箋釋〉，收在武漢大學中國文化研究院編，《郭店楚簡國際學術研討

> 仁形于內謂之德之行，不形於內謂之行。義形于內謂之德之行，不形于內謂之行。禮形于內謂之德之行，不形於內謂之行。智形于內謂之德之行，不形于內謂之行。聖形于內謂之德之行，不形于內謂之行。德之行五，和謂之德；四行和謂之善。善，人道也。德，天道也。

這一段討論仁、義、禮、智、聖「五行」，分別以「形于內」和「不形于內」排列，前者稱之爲「德之行」，後者僅稱之爲「行」。最後則歸結爲「善」和「德」、「天道」和「人道」的對照。這段文字刊布以來，曾引起很多的爭辯，至今仍莫衷一是，這裡自然不是展開討論的地方。但龐樸在〈天人三式——郭店楚簡所見天人關係試說〉中引之以爲「天人合一」的論據，卻是很值得注意的。他解仁、義、禮、智、聖的「形於內」說：

> 「仁形于內謂之德之行」，……其中，仁形于內的「內」，指的是人的內心；而「形」于內則意味著，在此之前，仁是無形的，或者說，是形而上的。（中略）其他「義」、「禮」、「智」、「聖」四句，與此一律。此五種形于人心的「德之行」和合起來，統稱之曰德。這個德，從「人」這一方面看，是人對天道的「得」，得天道于人心，所以

（續）會論文集》（武漢：湖北人民出版社，二〇〇〇），頁二三五。

叫做「德」；若從「天」那一方面看，則是天道在人心中找到了自己的形式，通過人心將自己最終完成；所以說：「德，天道也。」[25]

我認爲這裡提出的解釋是合理的，把「道」和「心」的「合一」從「天」和「人」兩個相反的角度都講到了。不但如此，〈五行〉篇論「德」與「天道」之間的關係也可以在《管子・心術上》中找到回響。試讀以下幾句話：

德者，道之舍……故德者，得也；得也者，其謂所得以然也。（舊注：「得道之精而然。」）以無爲之謂道，舍之之謂德。（舊注：「道之所舍之謂德也。」）故道之與德無間。（舊注：「道德同體，而無外內先後之異，故曰無間。」）故言之者不別也。

我反覆推究這段文字，最後不能不承認，其中「道」與「德」的關係和〈五行〉篇極爲相近。成爲「道之舍」的「德」其實便是「形于內」的「天道」。「德者，得也」一語則是對「德」字給予一個確定的界說：人「得道之精」於「心」，故謂之「德」。因此，所謂「德者道之舍」不過

25 龐樸，〈天人三式——郭店楚簡所見天人關係試說〉，《郭店楚簡國際學術研討會論文集》，頁三二一—三三。關於《五行》篇的種種爭論，可參看梁濤，《郭店竹簡與思孟學派》（北京：中國人民大學出版社，二〇〇八），第四章，特別是頁一八四—二〇七。

是借用巫的語言（「鬼神來舍」）來表達「心」「道」合一的觀念，並賦予它以一種想像的具體形式而已。這裡的「舍」字只能讀爲一種隱喻（"metaphor"），絕不能當眞以爲「道」和「德」即是住客與房舍的關係。理解了這一點，我們才會進一步懂得作者爲什麼接下來又說：「故道之與德無間」這句話。舊注說：「道德同體，而無外內先後之異，故曰無間。」此注很精到，點出了「道」和「德」是一體的兩面：從「天」的方面看，是「道」；從「人」的方面看，則是「德」。「道之與德無間」一語則將「心道合一」或「天人合一」的意思生動地表達了出來。這豈不是和〈五行〉篇「德，天道也」那句話完全一致嗎？

上面我援引了各家文本以說明軸心時代中國精神史上若干重要的變化，如「心」取代「巫」的中介功能，如「心」、「道」合一的構想取代人、神溝通的信仰。這些變化在各家各派中都可以得到印證，因此構成了一種共同的歷史動向。爲了進一步證實這一動向的客觀存在，下面我即轉入最後層次的分析，展示新「天人合一」的系統怎樣在思維結構和模式上從舊系統中推演而出。

「治氣養心之術」的演變

第三、中國軸心突破以後各派思想都同樣強調精神修養，這是一個極引人注目的現象。孔子論「修己以敬」（《論語・憲問》）是一篇較早的精神修養論，他深信「修己」的政治社會功效最後可以擴展到天下大治，使所有老百姓都得到安樂。他又說道：「德之不修，學之不講……是吾憂也。」（〈述而〉）可知在他的施教規劃中，「修德」還排在「講學」之前，所以「德行」是孔門四科之首。至於《論語》中到處都是「修己」或「修德」的言行，那就更不用多說了。精神修養到了孟子的手上發展得更深入了。他的「養吾浩然之氣」和「盡心」等議論，前面早已論及，其劃時代的意義留待下面再說。先秦儒家最後一位大師荀況則有專文論〈修身〉，且在《荀子》占第二篇的地位；這似乎是儒家正式用「修身」這一專詞來指稱精神修養。稍後出現的《大學》說：「自天子以至於庶人，一是皆以修身為本。」這句話顯然擴大了「修身」的社會基礎，把它變成了一個普遍性的價值。但《大學》此說是從荀子思想中推演出來的，〈君道〉篇「臣下百吏至於庶人莫不修己而後敢安正」一語便是很明顯的證據。

但精神修養並不是儒家所獨有。《墨子》第二篇〈修身〉即使是後世附入，但至少表示墨家同樣重視修身。不但如此，從「近以修身」（〈非儒下〉）、「修其身」（〈貴義〉）這一類的用語中，我們也可窺見這兩個字是墨家的常談。此外先秦還有一篇題為〈修身〉的文字，原收在《管子》一書中（第六十一，雜篇十二），可惜早已失去了。但前引《管子》中〈心術〉、〈內業〉等篇事實上也是直接討論精神修養的。如果把材料擴大到最近發現的簡牘，如郭店楚墓竹簡，情形便更為清楚了。郭店竹簡包括儒家和道家的文本，幾乎都和精神修養有關。其中〈性自命出〉尤其受到研究者的注目，因為它的討論比較深入而複雜，如下篇「聞道反己，修身者也」和「修身近至仁」等提法，都值得進一步探討。又如《老子》（簡乙）有「修之身，其德乃眞」的說法，也與傳世本不同。這裡我不過略舉一二例以顯示「修身」在郭店簡中的重要性而已，但不可能也不必要展開更詳細的分析。上面我曾說：先秦各思想流派都從自身的立場上發展出關於精神修養的觀點，郭店竹簡在這一方面為我們提供了有力的支持[26]。

現在我要把精神修養的興起和「天人合一」新舊兩個系統的轉移聯繫起來，略作推論。提到精神修養，我們往往首先聯想到道德修養，這是因為長期以來受到儒家的影響。上面既已證實精神修養為各思想流派所共有，則它的運作自然遍及於人文領域的全部，不可能僅限於道德一隅。試以孟子和莊子兩家為例，他們雖同樣重視精神修養，但所採用的修養方法各具特色，所追求的精神境界也迥然有別：孟子開拓的是道德領域，莊子則指向藝術境界[27]。這裡我必須對精神修養的性質作一次根本的澄清。我要著重地指出，精神修養（無論稱之為「修身」、「修己」或其他名目）只是一種方法，在價值上是中立的。但精神修養之為方法與一般所謂治學方法或思維方法

26 關於郭店竹簡討論精神修養的大體情況，可參看丁四新，《郭店楚墓竹簡思想研究》（北京：東方出版社，二〇〇〇），頁三〇八—三二〇。這裡我要補充說明，對於郭店竹簡的年代，我不敢接受這是「孔孟之間」的結論。從思想內容上看，我認為這些作品似當在孟子之後。關於竹簡所從出的郭店一號墓年代，主流意見似乎認為在西元前四世紀末至三世紀初，但論據曲折而薄弱。另一種意見則認為墓葬年代在西元前二七八至二二七年之間，其說比較有說服力。見王葆玹，〈試論郭店楚簡各篇的撰作時代及其背景〉，《中國哲學》，第二十輯（瀋陽：遼寧教育出版社，一九九九年一月），頁三六六—三八九；王葆玹，〈郭店楚簡的時代及其與子思學派的關係〉，《郭店楚簡國際學術研討會論文集》，頁六四四—六四九。

27 關於這一對比，詳見錢穆，〈比論孟莊兩家論人生修養〉，收在《莊老通辨》（《錢賓四先生全集》本，第七冊［台北：聯經出版公司，一九九八］），頁三二九—三五三。

不屬於同一範疇；後者是純理性的產品，前者則包含了超理性的成分。「超理性」為什麼會介入精神修養呢？這是因為精神修養是導致「心」、「道」合一的唯一途徑；而怎樣將流行於宇宙之間的精神實有——「道」——引入「心」中，則不是理性所能單獨完成的。前面第四章我曾引過《管子・內業》一段話，其中有幾句值得重引於下，以說明「理性」與「超理性」的分野：

> 思之思之，又重思之。思之而不通，鬼神將通之；非鬼神之力也，精氣之極也。

這裡的「思之」是指理性的部分，但理性有時而窮，根據當時一般的信仰，必須靠「鬼神」相助。由於「鬼神」是巫的說法，軸心思想家已棄之不顧，於是趕緊下一轉語：「非鬼神之力也，精氣之極也。」如何修養「精氣」而至其「極」，便是我所說的「超理性」的部分了。關於精神修養和「氣」的關係，上面所論已多，如孟子養「浩然之氣」、莊子「唯道集虛」、〈內業〉「心靜氣理，道乃可止」等等都是顯例。綜合各家的討論，我認為荀子〈修身〉篇中「治氣養心之術」一語可以看作是精神修養的最精確的界說。我在上面斷言精神修養是一種方法，其根據便在這六個字。然而，以巫為中介而通向鬼神世界的方法，又怎樣為以「心」為中介而通向「道」世界的方法所取代的呢？下面讓我試作一點推測。

首先我要請讀者回顧一下本章前引《周禮》有關「神士」的討論。孫詒讓的考證指出，「神士」即巫，而他們所習之「藝」則專指「事神」的「技能」而言。這是一個很重要的發現，使我們確知巫早已在禮樂傳統中建立起一套系統的「事神」方法。不僅如此，孫詒讓又考出，《周禮》的「巫恆」是巫社群的活動場所及老一輩巫師的住處，隨時備巫官諮詢。我們由此可以推斷，這一套「事神」的「技能」或方法大概是在「巫恆」中代代相傳並逐步發展出來的。巫師作爲一個群體之所以能在禮樂傳統中維持著長期的主宰地位，主要便靠這一套「事神」的方法。軸心時代思想家對於這一歷史背景自然有深切的認識，因此他們自始便致力於創建一套精神修養的方法，其終極目的則是超越並取代巫術在精神世界的霸權。我們都知道，巫術是以人神之間的中介爲號召的，所「事」之「神」，無論是「上帝」或「在帝左右」的「先王」、「先公」，都明顯地具有人格神的性質。軸心思想家所追求的「道」雖也是流行在宇宙中的精神實有，卻全無人格神的意味。所以儘管各派修養方法之間存在著具體的分歧，但是都可以概括在「治氣養心之術」一語之內，而與「事神」的「技能」截然異趣。

根據以上的認識，則「治氣養心之術」的興起和發展也是「天人合一」從舊系統轉變爲新系統的進程中一個必有的環節：就實質內容而言，「治氣養心」作爲精神修養的方法不但超越了而且也揚棄了「事神」的「技能」；但就各派思想家不約而同地致力於方法或「技能」的建立與發展而言，他們的「心」、「道」合一則仍然延續了人神合一的結構與模式。

由於巫師「事神」的「技能」未能完整地保存下來，今天我們已無法重建它和「治氣養心」之間的互動關係。但若在相關文本的字裡行間作較深入的偵察，我們卻有理由相信：二者之間是有過交涉的。「治氣養心」作爲精神修養的方法雖是軸心思想家共同發展出來的，但其中包含了新舊兩種成分。「養心」可以說是軸心突破以後的新事物，關於這一點前面已有很多的討論，不必再說了。但「治氣」則起源頗早，並非軸心思想家所首創。殷、周甲骨和金文關於「氣」材料太少，又多歧義，只能暫置不論。不過甲骨文中有關「風」的記載往往牽涉到「巫」，顯示巫有呼風喚雨的法力；風是氣的流動，因此有人主張這是「氣」和「巫」有關的間接證據。《莊子・天道》中關於雨、風從何而起之問，作答者竟是巫咸祒，更對這一推斷有助證的作用[28]。最值得重視的是一篇所謂〈行氣玉銘〉（羅振玉《三代吉金文存》卷二〇誤玉器爲銅器，所以目錄題作「劍珌」。）銘文共四十五字，講的正是眞氣在人體內如何運行的方法，最後歸結爲「順則生，逆則死。」這是關於所謂「氣功」的最早的一篇文字，所以從上世紀一九三〇年代末到今天，研究的論文多至不可勝數，這裡既不可能也不必一一涉及。將銘文和諸家考釋合起來讀，我們可以肯定這並不是軸心思想家建立學說之作，而毋寧與馬王堆帛書《導引圖》屬於同一類的作品。《莊子・刻意》云：「吹呴呼吸，吐故納新，熊經鳥申，爲壽而已矣；此導引之士、養形之人、彭祖壽考者之所好也。」（亦見《淮南子・精神訓》）這一描述最適用於〈行氣玉銘〉。諸家對於銘文年代，意見不一致，但相差也不甚遠，大概可以定爲西元前四世紀中葉前後[29]。總之，〈行氣玉銘〉

28 見前川捷三，〈甲骨文・金文に見える気〉，收在前引《気の思想》，頁一三—二九。

29 有關文獻太多，不能遍舉，請參閱下面三篇較近的論文：1陳邦懷，〈戰國《行氣玉銘》考釋〉，《古文字研究》第七輯（北京：中華書局，一九八二年六月），頁一八七—一九三。2湯餘惠，〈玉行氣銘〉，收在《戰國銘文選》（長春：吉林大學出版社，一九九三），頁一九三—一九五。3張道升，〈《行氣玉銘》古文證實了「行氣」作為一種延年益壽的功夫是獨立發展起來的，而且很早便已開始流行，「導引之士」、「養形之人」固然特別重視它，各派思想家也將它和「養心」結合在一起，轉化為精神修養（「修身」）的主要方法。現代研究者都稱讚銘文掌握了氣功的原理，文字的表達方式也十分精到，有人甚至用「藝進於道」、「神乎技矣」等誇張語言來形容這四十五個字的銘文[30]。

這便說明，此銘是「行氣」技能發展得十分圓熟之後的作品，則「行氣」功夫在中國起源之古老，可想而知。「行氣」既源遠流長，又傳布極廣，它和巫文化之間有沒有發生過交涉呢？由於史料的缺乏，直接的證據尚未曾出現。但有兩條線索很可注意：第一，李零指出，古書中偶見「巫彭」一名，特別以擅長延壽和醫術著稱；其人可斷為傳說中的「老彭」，而且極可能是商代的巫賢。如此說可信，則「行氣」養生或即巫文化的一個組成部分[31]。第二，《莊子・大宗師》中所謂「古之眞人」卻很有啓示性。〈大宗師〉描寫「眞人」最神奇的本領是「登高不慄，入水不濡，入火不熱。」這三項恰好是巫的特徵：「登高不慄」即是〈逍遙遊〉中「神人」的「乘雲氣，御飛龍」，上面已交代過了；「入水不濡，入火不熱」也是世界各地薩滿在訓練階段中必經

（續）字研究述評及新解〉，《社會科學論壇》二〇〇七年第〇八期，頁二〇二—二〇五。以上三文承黃進興先生代為檢出，附此誌謝。

30 于省吾，《雙劍誃吉金文選》（北京：中華書局，一九九八），頁三八五—三八六。

31 見《中國方術續考》，頁五〇—五一。

的考驗[32]。不但如此，莊子在〈齊物論〉中更把「眞人」、「神人」的神通合起來用在「至人」的身上，所以說：「至人神矣！大澤焚，而不能熱；河漢沍，而不能寒；疾雷破山、風振海，而不能驚。若然者，乘雲氣，騎日月，而遊乎四海之外。」可見無論是「眞人」、「神人」或「至人」，莊子都是以遠古的巫爲原型而想像出來的。莊子的「眞人」觀念對於後世方士發生了極大的影響。盧生對秦始皇說：「眞人者，入水不濡，入火不爇，陵雲氣，與天地久長。」（《史記・秦始皇本紀》三十五年條）我相信方士們正因爲熟悉巫的形象，所以才接受了莊子關於「眞人」的描寫。「古之眞人」的原型是巫既得論定，〈大宗師〉中關於「眞人」另一特徵的描述便特別值得注意了：「古之眞人……其息深深。眞人之息以踵，眾人之息以喉。屈服者，其嗌言若哇。」這一段特寫告訴我們：「眞人」在「行氣」的技術層面是具有特殊造詣的。我們雖然不能逕以「寓言」爲事實，然而不妨把它看作一個暗示，即「行氣」很可能也是古代巫文化的技能之一。更可玩味的是，「眞人」的「行氣」也走進了醫經之中。《黃帝內經・素問》卷一〈上古天眞論〉云：

> 黃帝曰：「余聞上古有眞人者，提挈天地，把握陰陽，呼吸精氣，獨立守神，肌肉若一，故能壽敝天地，無有終時。」

32　見 Mircea Eliade, *Shamanism*, pp. 112-113; 335.

這裡我再一次看到「行氣」是古之「眞人」的基本訓練的一個重要部分。我們若進一步把醫經中的記載和「巫醫」的傳統聯繫起來，則將上引各文本中的「古之眞人」看作「巫」的投影，應該是一個順理成章的推論。

與古希臘軸心突破的對照

最後，讓我比較一下希臘哲學的起源和中國的軸心突破，以加深我們對於「天人合一」從舊系統轉變到新系統的理解。首先必須提到的便是希臘哲學的出現和薩滿教背景的問題。如所周知，道慈(E.R. Dodds)在一九五一年的名著*The Greeks and the Irrational*中，根據專家的研究，正式提出希臘哲學源出薩滿的假說，並且很快地引起了學術界的熱烈反響。依照當時的一般看法，西元前七世紀由於黑海對希臘貿易與殖民的開放，薩滿教輾轉傳到希臘，開始在思想上發生影響。早期哲學家如畢達哥拉斯(Pythagoras)、恩匹多克里斯(Empedocles)等都曾受過薩滿文化的洗禮，以致使希臘思想的基調爲之一變。最明顯的莫過於靈魂(soul)觀的轉變。在西元前五世紀以前，希臘人認爲靈魂和身體之間的關係是彼此相安的。但是從這時開始，不少哲學家傾向於相信靈魂和身體互相衝突：靈魂具有神性，身體則充滿著不潔的欲念，所以只有在身體死亡後靈魂才能獲得解放。由於靈魂觀改變了，其他許多哲學上的變化也隨之而來。道慈斷定這一大轉變是在薩滿文化的影響之下發生的[33]。六十年來道慈這一著名的假說(hypothesis)雖受到種種質疑，但支持此假說的專題研究也不斷出現。撇開細節的修訂不談，大體而論，薩滿文化曾流行於古希臘並與哲學思想之間有過互動，似乎是一個難以否定的事實。專家之間的爭論多在程度之異而已[34]。

正如巫文化構成中國先秦諸子興起的背景一樣，現在我們看到，希臘哲學的「史前史」(“prehistory”)也包含了薩滿文化的背景。這是雙方可以互相比較的根據所在。但這裡有必要說明我對於薩滿文化的理解。我並不無條件地接受所謂「傳播說」(“diffusionism”)，即假定薩滿教起源於西伯利亞地區，然後傳播到世界各地。這是因爲傳播說，特別在遠古時代，往往只是一種推測，缺乏可信的證據。希臘便是一個明顯的例子：西元前五世紀以下薩滿式活動的存在是可以肯定的，但薩滿文化究竟如何傳來？通過什麼渠道傳來？至今仍在爭議中。我毋寧相信初民的宗教

---

33 詳論見E.R. Dodds, *The Greeks and the Irrational*, Chapter 5 “The Greek Shamans and the Origin of Puritanism.”

34 例如在英、美方面，Jan Bremmer, *The Early Greek Concept of the Soul* (Princeton, N.J.: Princeton University Press, 1983)反駁道慈的薩滿影響說。但其後 Peter Kingsley, *Ancient Philosophy, Mystery, and Magic: Empedocles and Pythagorean Tradition* (Oxford: Clarendon Press, 1995)和 Carlo Ginzburg, *Ecstasies: Deciphering the Witches' Sabbath* (translated by Raymond Rosenthal; New York: Pantheon Books, 1991)兩書則支持道慈之說。對以上三書的介紹，見 Michael J. Puett, *To Become a God: Cosmology, Sacrifice, and Self-Divinization in Early China* (Cambridge, Mass. and London: Harvard University Asia Center, 2002), p. 84. 至於歐洲大陸方面，可看 Pierre Hadot, *What is Ancient Philosophy?* pp. 180-185 所引幾位法國名家如 Jean-Pierre Vernant, Henri Joly, Roberte Hamayon 等人的意見。

想像力不謀而合的可能性是很高的，不同民族都可以發展出近於薩滿式的觀念。根據同樣的理由，我也不敢斷定中國的巫是不是和其他地區的薩滿同源，即由域外傳播進來的。在缺乏證據的情況下，對於這個無法解決的歷史問題，我只有採取存而不論的態度。我現在僅能肯定，中國的「巫」和希臘的「薩滿」在功能上是很相似的，即同爲人世界和鬼神世界之間的中介者。這一點已足夠成爲比較的基礎，至於「巫」和「薩滿」的起源問題在這一比較研究中反而是無足輕重的。這裡且舉靈魂觀的例子以闡明我的論點。早在五、六十年前英國古典研究名家翁念斯(Richard Broxton Onians)便對中國和希臘羅馬的靈魂觀作過一次初步比較，並肯定中國的「魂氣」("aerial soul")和西方古典靈魂的觀念是基本上一致的[35]。但翁氏的比較寫在薩滿假說流行之前，所以他沒有涉及薩滿的影響問題。薩滿假說既受普遍的注意以後，希臘的靈魂觀具有兩個公認的重要特色：第一、靈魂與身體是二元的，身體死亡後靈魂便離之而去，畢達哥拉斯的靈魂轉世說尤足爲證。第二、靈魂離開身體並不僅限於死後，生前也同樣可以發生。當時人並以爲睡時有夢即是靈魂離體的結果。至於薩滿，由於具有特殊的技能，則可以隨時使靈魂離開身體，如飛

---

35 見 Richard Broxton Onians, *The Origins of European Thought about the Body, the Mind, the Soul, the World, Time, and Fate: New Interpretations of Greek, Roman and Kindred Evidence also of some Basic Jewish and Christian Beliefs* (Cambridge: Cambridge University Press, 2nd edition, 1954), pp. 520-530 and "Preface to the Second Edition," p. xviii.

鳥一樣地遠遊，甚至傳說同一人的靈魂能夠在不同的地方出現(bilocation)[36]。有趣的是這兩個特點也恰好在中國軸心時代的靈魂觀中找得到。據《禮記・檀弓下》，西元前五一五年吳國季札在其子的葬禮上談到死亡問題時說：「骨肉歸復於土，命也。若魂氣則無不之也，無不之也。」這顯然是以身體和靈魂爲二元，死後則「魂氣」自行離去而「無不之也」。至於生前靈魂離體遠遊，西元三世紀《楚辭・招魂》可以爲證；巫陽奉天帝之命而招者明明是出遊而流連忘返的生魂。《楚辭・九章》中關於生魂離體的描寫，隨處可遇，如「羌靈魂之欲歸兮，何須臾而忘反」(〈哀郢〉)及「惟郢路之遼遠兮，魂一夕而九逝」(〈抽思〉)，都是很生動的例子[37]。希臘的靈魂觀與薩滿有關，中國則與巫有關，這一對照是十分鮮明的。

曲終奏雅，讓我將希臘從宗教轉上哲學與中國從禮樂傳統變爲諸子學作一比較。關於後者的轉變歷程，本章已作了較詳細的追溯。但爲了便於比較，這裡有必要作一最簡單的概括：先秦諸子最初都是從禮樂傳統中奮鬥出來的，因此一方面深受其中巫文化的影響，另一方面則力求突破巫的格局，以新「天人合一」的系統(即個人本位的「心」與「道」合一)取代舊「天人合一」的系統(即集體本位的「人」與「神」合一)。此中關鍵則在精神修養的技能方面。巫爲了獲得「事神」的法力，發展出一套技能(相當於薩滿的"techniques")，如「行氣」便是其中極重要的一項。

36 見 E.R. Dodds, *The Greeks and the Irrational*, p. 141.

37 參看錢鍾書，《管錐編》(北京：中華書局，一九七九)，第二冊，頁六二三。

先秦諸子的精神修養也以巫的技能爲始點，但進行了重大的改進，把原來「事神」的技能轉化爲「求道」的技能。上面所謂「精神修養」在先秦諸子筆下則稱之爲「修身」；當時儒、墨、道各派無不以「修身」爲「求道」的不二法門。什麼是「修身」呢?荀子曾給了一個相當精確的界說——「治氣養心之術」。這六個字透露出「修身」作爲精神修養的方法(「術」)是「治氣」加上「養心」；「治氣」是自古以來巫所習用的技能，「養心」則是諸子爲「求道」而發展出來的新方法。「心之官則思」(孟子語)，這就表示理性思維在精神世界中逐漸取得了主導的地位。此所以《管子・內業》篇特別強調「思之思之，又重思之也」。遍考當時文本，我們可以清楚地看到，諸子(如孟子、莊子、惠施)的「治氣養心之術」雖大體相近，卻在成分、組合和運作方面各有微妙的差異。其所以如此則是因爲各派的「修身」方法是爲各不相同的思想體系的需要而特別設計的。中國系統的思想史便是在這一情況下正式揭開了序幕。

以中國的歷程爲參照系統，讓我們略略檢視一下希臘的情形。道慈在他的名著中曾一再強調「精神鍛鍊」(“askēsis” 或“spiritual exercises”)在希臘哲學史上占據了很重要的地位，而其最早的源頭則在「薩滿傳統」(“shamanistic tradition”)[38]。亞都(Pierre Hadot, 1922-2010)在《何謂古代哲學?》(*What Is Ancient Philosophy?*)中對於「精神鍛鍊」的問題更作了深入而廣泛的討論。由於它的性質和功能與中國的「修身」恰好相當，所以我決定將比較的焦距集中在「精神鍛鍊」上

---

38 E.R. Dodds, *op. cit.*, pp. 150, 154.

面。希臘的“askēsis”包括許多技能(“techniques”)如節食、禁睡眠、抗寒熱、控制呼吸等等，很像中國的「辟穀」、「焚不能熱」、「沍不能寒」之類。其中最值得注意的一項技能便是「控制呼吸」(“controlling the breath”)，因爲它事實上與中國的「行氣」或「治氣」根本是一回事。前面已指出古代希臘人以靈魂是「氣」(“breath”)，平常散布在人身各處。但或因死亡而轉世，或因遠遊而離體，這時散處身體各部門的靈魂必須重新凝聚起來，成一整體，此即所謂「集中靈魂」(“concentrating soul”)。所以希臘「控制呼吸」和中國的「行氣」(或「治氣」)可謂異曲而同工。「精神鍛鍊」的種種技能最早與薩滿有關，這一點大致上已得到多數專家的承認，分歧也僅在程度的多少而已。即使謹慎的人如維爾南(Jean-Pierre Vernant, 1914-2007)也認爲有關「控制呼吸」的技能應該放在薩滿傳統的脈絡中去認識[39]。西元前五世紀以來，「精神鍛鍊」則從薩滿轉入哲學家之手並獲得推陳出新的轉化，終於引出希臘哲學史上空前輝煌的發展。這恰可與先秦諸子通過「修身」而求道的歷程相比觀。關於希臘哲學家怎樣將薩滿傳統中的「精神鍛鍊」提升到思想的層次，使之爲哲學的理想服務，亞都在他的專書中言之甚詳。下面但就其可與中國相印證者，選取三點，供讀者參考。

第一、自「薩滿假說」流行以來，爲之推波助瀾者大有其人。其中最極端者如裘理(Henri Joly)甚至宣稱「蘇格拉底爲最後一位薩滿和最早一位哲學家，這在今天已是一個人類學上被接受

---

39 Pierre Hadot, *What is Ancient Philosophy?* p. 181.

的眞理了。」("That Socrates was the last shaman and the first philosopher is now an anthropologically accepted truth.")亞都對這一觀點深表懷疑。他認爲即使在起源時與薩滿有關，但進入哲學史以後，「精神鍛鍊」的性質及功能與薩滿禮儀("shamanic rituals")之間已沒有任何共同之處。相反的，這些「精神鍛鍊」是最早一批哲學家(包括Sophists和Socrates)爲了回應「理性控制的嚴格需要」("a rigorous need for rational control")而發展出來的[40]。反觀中國軸心時代諸子「修身」以「求道」，突出了「心」的功能，爲理性思維開闢了大道，恰好與希臘的歷程相映成趣。亞都堅持哲學史上的「精神鍛鍊」絕不能與薩滿混爲一談，他甚至將哲學家所運用的askēsis譯作「哲學鍛鍊」("philosophical exercises")，並進一步指出，它的作用在於強化靈魂，使人在精神上自我轉化，不斷上升[41]。這也是我爲什麼堅持「天人合一」必須劃分爲前後兩大階段。巫的「事神」技能絕不能和諸子「治氣養心之術」相提並論。正如蘇格拉底不是薩滿一樣，先秦諸子自孔子以下也沒有任何一人可以稱之爲巫，雖然他們都經歷過一段與巫文化相交涉的背景。

第二、正如中國各派軸心思想家都發展了一套「修身」方法以建立他們關於「道」的獨特構想一樣，希臘的不同哲學流派也各取不同的苦修方式(即「精神鍛鍊」或"askēsis")以實現其特有的哲學理想。根據亞都的觀察，希臘、羅馬的古典哲學並不是理論空談或不著實際的思辨，而是

40 *Ibid.*, p. 182.

41 *Ibid.*, pp. 188-189.

要求即知即行；每一家哲學即是一種生活方式的選擇。因此他終於認識到古代西方哲學的取向竟和東方（特別是中國）的想法十分接近，如果借用王陽明的語言，即所謂「知而不行，只是未知」。（亞都的說法則是"Practical reason takes primacy over theoretical reason."「實踐理性優先於理論理性。」[42]）為了說明「精神鍛鍊」（askēsis）與哲學宗旨之間的互相關聯，他舉了不少實例：如柏拉圖派的理想是提高精神生活，消除感官享樂，所以它採取的「精神鍛鍊」主要是少食不眠以弱化身體而使物欲不起。如犬儒學派（The Cynics）懸德性（virtue）自足為終極目的，因此強調獨立精神與堅韌努力的培養；其「精神鍛鍊」則包括兩部分：積極方面是忍受飢寒、侮辱，消極方面是摒除一切奢侈、舒適以及文明帶來的奇技淫巧。又如懷疑派（Pyrronists），認為人的理性不能深入事物的內在本質，只能觸及表象，因此善惡是非是難以遽下判斷的。相應於這一極端懷疑的態度，這一派在「精神鍛鍊」上則教人對一切外在事物都看作無足輕重，因為只有如此人才能得到並保持內心的寧靜。同樣的例子也見於軸心時代的中國，如孟子和莊子的精神境界不同，而「治氣養心」之術也各擅勝場，見上文。

第三、「精神鍛鍊」的主要功能在於使人不斷提高自己的精神境界，既如上述，那麼這種自我內在轉化究竟採取何種方式呢？亞都特別指出兩條似相反而實相成的道路：一條是內向的，即集中於自我與良知的省察（concentration on the self and the examination of the conscience），另一條

42　*Ibid.*, pp. 272-279.

則是向外的，即與宇宙的關係和「我」的擴大(relation to the cosmos and expansion of the "I")。這內外兩途都有可以和先秦思想相比較之處，但限於體例和篇幅，這裡只能選取第二條道路而略作評介。這一選擇不是任意的，因爲我們恰好可藉此回到「天人合一」的主題，以結束本章的討論。

古代希臘至羅馬的各派哲學無不關懷人如何在精神上不斷自我擴大，最後可以和整個宇宙萬物發生有意義的聯繫。亞都特別提出三個具體的例子來建立他的論點，即柏拉圖派、伊比鳩魯派(Epicureans)和斯多噶派(Stoics)：柏拉圖重靈輕肉，因此他認定肉身雖限於塵世，但是魂則永遠在努力去擁抱宇宙(包括神域與人世)之全體，從無一息之停。他認爲「哲學家」("philosopher")的特性便是「對時間和存有的全部進行深沉的思考」("contemplation of the whole of time and of being," *Republic*, Book VI, 486a)：他的思想絕不爲塵世俗事所累，而在宇宙各處飛行，下測地底，上極穹蒼，探求一切事物的全部性質(*Theaetetus*, 173e)。所以後世柏拉圖學派始終保持著這一精神，其「精神鍛鍊」則強調通過自我擴大以進入「實有的整體」("the totality of the real")。其次是伊比鳩魯派；此派以求「樂」(pleasure)爲宗旨，但其實是指心靈(mental)或思想(intellectual)之樂。他們之所以主張擴張自我以融入宇宙是因爲以有涯之生而投入無盡時空，則可得至高之「樂」。伊派相信我們所見的世界不過是無數世界之一，故必擴大自我至於無窮之境(infinity)才能超出此有涯之生而與永恆合而爲一。最後，斯多噶派關於自我擴張的論據又與前二派有別。他們認爲世界有限而時間則無限，因此「我」("I")的擴張是爲了踏進永恆的時間。所謂

「世界有限（"finite"）」是指世界不斷起滅，而其中所發生的事件（"events"）則每一次都重演重現（按：這相當於邵雍之「元、會、運、世，終而復始」或尼采之「永恆再現」〔"Eternal Recurrence"〕）。所以個體小「我」只有通過永恆時間才能成爲內在於世界整體的一個部分。斯多噶派有一著名的格言：「依照自然而生活」（"Live according to nature"）；此處「自然」即宇宙運行的律則。依照他們的宇宙觀和倫理觀，自然受理性（"reason"）的支配；人既是自然的一部分，他的靈魂又是自然中最偉大、最高貴的產品，因此理性也是人的主要特徵。其異於禽獸即在此。由此可知，「依照自然而生活」其實便是依照理性而行；理性則澈上澈下，自然和人貫通爲一。根據這一認識，個體小「我」又必須擴大自己和整個大自然打成一片。小「我」的靈魂（按：指"mind"或"thought"）只有飛到高空，進入大自然的心臟區，才能成就最高限度的充實和圓滿；在星辰之間翱翔是它的愛好。到了那裡小「我」的靈魂便得到豐富的營養而繼續成長；解除了所有的束縛，它終於回歸本源。

以上我根據亞都的指引[43]，簡略地介紹了西方古代三派哲學如何通過自我擴大的精神修養，最後達成和無終極的宇宙萬有融合爲一體。讀者至此必已發現，上面三家其實是用西方的哲學語言宣說「天人合一」的理想。而且稍一分析即可知，它和中國軸心突破以後的「天人合一」新系統幾若出於同一模型；若稱之爲「殊途同歸」絲毫不算誇張。從小「我」（"I"）或「自我」

43 *Ibid.*, pp. 202-205.

(“self”)的擴張開始，這顯然是以個人爲本位；又如要求把自我融入亙古亙今的宇宙秩序之中，更和追求與「道」合一的構想若合符節。尤其是斯多噶派「依照自然而生活」的格言，預設整個自然界和人性同受「理性」的支配，簡直便是「天道」、「人道」一以貫之的西方翻版。本章前論「天人合一」新系統，曾舉孟子「萬物皆備於我」、莊子「天地與我並存，萬物與我爲一」及惠施「氾愛萬物，天地一體」三家之說爲例。我們試將此三家與希臘、羅馬三派作一比較，眞不能不興「東海、西海，此心同、此理同」的感嘆。古希臘與軸心時代的中國之間並無歷史關係，互相影響的可能性是絕對不存在的。但希臘哲學史的開場有薩滿文化的背景，而中國思想史的揭幕也和巫文化有淵源，「天人合一」的嚮往同樣出現在雙方歷史大轉變的關鍵時刻，東西遙遙相對，這絕不是偶然的巧合。無論如何，與希臘的比較不但印證了本章所論「天人合一」兩個階段的演變，而且也加深了我們對於中國軸心突破的歷程的認識。但這是不足驚異的，因爲我同意亞都的看法：人類追求智慧大抵不出幾種不變的基本態度；相應於這些基本態度人們發展了有限的幾種思維模式(“model”)。因此我們往往在不同的文明中發現相同的思維模式，雖然其中思想的內容必然因時代與文明之異而各有不同。換句話說，有些思維模式具有普世性(“universal”)，從一開始便跨越了文明和時代的界限[44]。這正是比較哲學(“comparative philosophy”)或比較思想(“comparative thought”)得以成立的主要根據。

44 *Ibid.*, p. 278.

第七章
結局：內向超越

上面六章中，我以宏觀(第一至第五章)與微觀(第六章)交互為用的方式追溯了中國軸心突破的整個歷程，系統的中國思想史便是在這一歷程中逐步展開的。在這最後一章我要對突破的結局作一簡要的陳述，以結束這篇專論。

我在第二章開端時便已指出，在西元前第一個千年(the first millennium B.C.E.)之內，世界上幾個高度發展的文明，如中國、印度、希臘、以色列、波斯等，都曾經歷了一次精神上的重大突破，其結果則是每一文明都完成了一場「超越」("Transcendence")運動。因此這一千年也可以稱之為「超越時代」("Age of Transcendence")。所謂「超越」是指軸心突破以後出現了一個與現實世界相對照的超越世界。與突破前原始宗教所提供的鬼神世界不同，超越世界是最早一批哲學家或思想家，在經歷了一番精神上的大覺醒之後，一方面分頭發展，另一方面也通力合作，才辛勤開拓出來的。但他們的超越世界並不是無中生有的虛構。相反地，他們是對原有的精神傳統進行了改造和提升，然後才推陳出新，創建出一個適合於自己獨特文明系統的超越世界。例如中國的超越世界從以前的禮樂傳統中轉化而出，超越了後者但也保存並繼承了後者的精要所在。不但如此，這批最早出現的哲學家或思想家基本上憑藉著自己統合性思維與直感來建構他們的超越世界，這又和突破前的鬼神世界主要依靠原始信仰而成立，大不相同。正因如此，「超越」(“transcendence”)作爲一種精神運動才能一方面「對於現實世界進行一種批判性、反思性的質疑」，而另一方面則「對於超乎現實世界以上的領域發展出一種新見」。(史華慈語，見第二章)通過以上的說明，我們可以獲得一種認識，即每一文明在軸心突破以後，它的超越世界便成爲精神價值的終極源頭。就中國的獨特情況而言，這一超越世界非它，即所謂「道」是也。所以在整個傳統時期，無論對於現實世界進行反思和批判，還是推動一種超乎現實之上的理想，中國思想家無不以「道」爲最後的根據。《論語》中「邦有道」、「邦無道」、「天下有道」、「道之不行」等語中的「道」字都顯然指向現實之上的超越領域。但「道」不是任何一家一派所能獨占。在「道術爲天下裂」之後，每一家都如《莊子・天下》篇所說，「得一察焉以自好」，並堅信自家的「一得」才是眞正的「道」。孔子和儒家如此，道家《老》、《莊》兩書中的「道」字更是無所不在。即使是宗教氣味最濃的墨家，也認爲他們所代表的是「聖王之道」(見〈尙同〉、〈兼愛〉、〈天志〉諸篇)。所以先秦諸子的「道」，在內涵上雖各有所偏重，但其有超越世界的功能則在各家是一致的，也就是價値根源的所在。

從比較文化史的觀點說，中國軸心突破的背景與方式都有其特色，這在前面已經討論過了。

現在我們必須追問的是：軸心突破所導致的結局是不是也有中國特色可說呢？這裡所謂結局，主要即指超越世界的型態而言。讓我先提出我的論斷，即中國軸心突破最後歸宿於「內向超越」，本章主旨便在說明這一論斷。

外向超越與內向超越

首先必須指出，「內向」這一描述詞是以其他文明的「超越」型態爲參照系而概括出來的。如果僅就中國而言，不與其他文明作比較，則「內向」一詞是不必要的。理由很簡單：「內向」相對於「外向」而成立。我認爲西方文明可以代表「外向超越」的典型；在西方對照之下，中國的「超越」才顯出其「內向」的特色。因此無論是說中國「內向超越」或西方「外向超越」，都只能從相對的意義上去理解。下面我將先澄清「外向超越」的涵義，然後再歸結到「內向超越」的問題。在軸心突破以後，超越世界和現實世界在希臘哲學上的對照非常鮮明。這是西方專家的一個共識。關於這一問題的討論一般都引柏拉圖的看法爲代表，這當然是無可爭議的。柏拉圖的超越世界是盡人皆知的所謂「理型」（"Ideas"或"Forms"）。在他的系統中，「理型」必是共相（universals），但共相並非從殊相中抽離出來的主觀概念，而是確有所指的客觀存在。這裡應當鄭重指出的是：作爲「理型」的共相是純精神的實有，雖然視之不見、聽之不聞、摶之不得，卻是最眞實、最理想，而且永恆不變的存在。爲了攝「多」（"Many"）歸「一」（"One"），柏拉圖的超越世界中還存在著一層至高無上的建構，這便是著名的“Idea (or Form) of the Good”(「好之理型」)。他的「一」(或可譯作「太一」)和「好之理型」異名而同實。就一切理型都同具「好」(“good”)的性質(“essence”)而言，我們稱它爲「好之理型」，但就「好」統攝所有理型於其中而言，則稱之爲「太一」。所以「好之理型」可以理解爲「理型之理型」，即具有一切理型的共同性質；在這一特定理解下，「好之理型」比一切個別理型整整高出一級，這是不容置疑的。不僅如此，無論從存有論或價值論的角度說，「好之理型」都是一切個別理型的根源。柏拉圖在《共和國》中特別將「好之理型」比喻作「太陽」，其他個別理型則是受「太陽」照耀而發出的光亮。其他發光的理型都只能說是「像太陽」(“sunlike”)，但絕不能把它們誤認爲「太陽」本身。「太陽」只有一個，那便是「好之理型」。(*Republic* VI, 508a-509a)

以上對柏拉圖的超越世界的結構畫了一個大致的輪廓，詳細論證只能從略。接著我要談一談這一超越世界的外向性質，以及與現實世界的關係，這兩個方面是互相關聯的。

柏拉圖在討論理型時，他的語氣常給人一種印象，好像理型存在於另外一個地方。其實這是一種誤讀。柏拉圖說理型和感官事物(sensible things)不在一處，其意是在強調理型獨立於感官事物之外，而自有其客觀的存在。前面已指出，理型是精神的實有，是非物質的(incorporeal)，不可能「存在」於某一「地方」，因爲「地方」是空間的概念。所以柏拉圖眞正想表達的意思是：理性是不變的、永恆的存在，與感官事物之隨時流遷完全不同。在感官世界中，盛放的花體現著「美」，但花謝後「美」也就隨之消逝了；而理型世界中的「美」則是長存的。專就感官事物和理型而言，其中自然不發生「內」或「外」的分別。然而從人的觀點說，理型說恰恰是「外向超越」的一種表現，因爲理型作爲存有和價值之源完全在人性之外。關於這一點，泰勒(Charles Taylor)論「好之理型」的話值得引證，他說：

> 在一個重要意義上，我們依恃理性(reason)而認可的道德本源(moral resources)並不在我們的內部。這些本源可以看作是外在的，即在「好之理型」之中；或者應當說，我們同意接受一個更高的「精神」狀態這件事，發生在我們和「好之理型」之間的「空間」中。[1]

這幾句話已將理型之所以爲「外向超越」的性質，扼要地呈現了出來。

最後我想對柏拉圖的超越世界與現實世界稍加解說。問題必須從靈魂(soul)和身體(body)的兩分(dichotomy)開始；這是柏拉圖二元論的始點和核心。柏拉圖重靈魂而輕身體是大家都知道的，他借蘇格拉底之口論證了靈魂主宰身體，身體則不能自主；人之所以爲人即在其靈魂。(*Alcibiades*, 129e-132c)由於他相信靈魂不朽與輪迴，而身體則死後即朽，兩者之間的地位更是不成比例。(*Phaedrus*, 245c; 248-250)把這一兩分法推至邏輯的極端，他甚至認爲身體是牢獄，將不

---

1 見 Charles Taylor, *Sources of the Self: The Making of the Modern Identity* (Cambridge, Mass.: Harvard University Press, 1989), p. 123. 按：泰勒以括號加在「空間」("space")一字之上即在表示「好之理型」是精神實體，不應理解爲通常涵義的空間。

朽的靈魂鎖在其中，死後才得到自由解放。(*Axiochus*, 365e-366a. 按：此說比《莊子・大宗師》「以生爲附贅縣疣，以死爲決病潰癰」之喻更爲激烈。)在這一兩分法的基礎上，他建立起上述的理型世界和感官世界的尖銳對比。理型永恆不變，唯有不朽靈魂中的「理性」可見其眞實本體；通過「理性」而見本體，所得者便是眞正的知識(knowledge)。理型世界又通稱作「睿智世界」("intelligible world")，唯「理性」可深入其中。但在這一方面，柏拉圖的輪迴說和記憶說也有很大的緣助作用。靈魂對於至美至善的理型，一見傾心，永不能忘，因此前生所見，今生仍潛存在記憶之中。(按：此近於佛教傳入中國後的「宿慧」之說。)對照之下，感官世界中的認知對象變動不居，並非實有("being")，只能稱之爲「遷流之物」("becoming")而已。不但如此，人的感官所知("sense-perception")很不可靠，往往錯誤百出。因此在感官世界中我們所能得到的不是眞正的知識，而是意見。(*Theaetetus*, 151e, 157e, 163; *Republic*, 476d-478.)感官世界遠在睿智世界之下，幾乎天懸地隔，由此可見。但爲了避免誤導讀者，我必須鄭重說明：柏拉圖並不對感官世界採取捨棄的態度，或視之爲純負面的東西。相反的，他對感官世界的存在及其價值是肯定的。在《蒂邁歐篇》(*Timaeus*)中，他提出了著名的宇宙起源論。此篇虛構了一位從義大利南部來的蒂邁歐(Timaeus)其人，講述我們生存所寄託的宇宙是怎樣開始的。他說，造物者("Demiurge")出於一片好心，想把一切遷流不停而又雜亂無章的萬物整理成一個井井有條的秩序。但造物者追求盡可能的完美，於是以理型世界爲永恆的模式(eternal model)而塑造了一個不斷「遷流的宇宙」("universe of becoming")，這便是我們的現實世界。造物者又進一步推理：天地萬物中若沒有睿智("intelligence")，則不完美，而睿智只能從靈魂中來。因此他最後決定，先將睿智放在靈魂之內，然後再將靈魂置於身體之內。(按：此即表明人是造物者特別創造出來的。)既有了睿智和靈魂，宇宙整體便變成了一大活物("Living Thing")，其中繁多的品類以及個別的萬物也都是宇宙大活物中的構成部分，人則更是宇宙中最有睿智的活物。(*Timaeus*, 29a-31a)從以上的簡介中，可見現實世界是造物者通過苦心設計而製成的。不過值得注意的是：造物者與後來基督教的上帝不同，他既模仿理型而造宇宙萬物，則理型必已先他而存在；他也不是無中生有，因爲至少有些處於混亂狀態的流遷之物曾爲他提供了最初的建造材料；他不過參照理型的模式有所增減並作了全面的安排而已。他之所以特別將靈魂與睿智(按：亦即理性"reason")包括進去，則是爲了讓人可以掌握關於理型的知識，並通過記憶而永保不失。這是現實世界和超越世界之間的唯一溝通管道。這一宇宙起源論指示我們，柏拉圖的現實世界(或感官世界)是從超越世界(或理型世界)中派生出來的。我同意勒夫覺愛(Arthur O. Lovejoy, 1873-1962)的分析，造物者即「好之理型」的化身，他不能自已地追求「好」，所以既見雜亂無章的萬物流遷，便不能不加以整頓，納入秩序之中，秩序比雜亂無章「好」，這是不容置疑的。因此我們可以肯定地說，柏拉圖的現實世界和超越世界之間存在著一種必然的內在關聯[2]。但儘管如此，這兩個世界之間的高下懸殊和距離遙

---

2 見Arthur O. Lovejoy, *The Great Chain of Being: A Study of the History of an Idea* (Cambridge, Massachusetts: Harvard University Press, 1936), pp. 45-48.

遠，終是無可掩飾的。

以上我從柏拉圖的幾種相關對話錄中勾勒出他所構想的超越世界和現實世界，作爲西方「外向超越」的一個典型。我相信只有在「外向」典型的對比之下，中國「內向超越」的基本型態才能清晰地顯現出來[3]。下面讓我回到本章的主題。

在柏拉圖理論的對照之下，中國軸心突破後關於超越世界和現實世界的構想與西方的差異是非常顯著的。這裡不妨略引最有代表性的儒、道兩家作爲具體的說明。《中庸》引孔子曰：「道不遠人。人之爲道而遠人，不可以爲道。」（朱熹《集註》第十三章）所引雖未必出孔子之口，但確可代表儒家的通義。《孟子・離婁上》：「道在邇而求諸遠」；又〈盡心下〉：「君子之言也，不下帶而道存焉。」朱熹《集註》說：「古人視不下於帶，則帶之上乃目前常見至近之處也。」這也是強調「道」即在眼前近事之中，去人不遠。《老子》第三十五章「道之出口，淡乎其無味。」最近劉笑敢解釋此句云：

3 也許有讀者會質疑：柏拉圖一人之見是否足以代表整個西方的態度？這裡我願意重述懷德海（Alfred N. Whitehead, 1861-1947）的名言：全部西方哲學史可以看作是對於柏拉圖的一系列的註釋，在「外向超越」問題上更是如此。限於篇幅，這裡不能展開論證。我在本文的一篇最早提綱中（撰於一九九八年），曾簡略地論及「外向超越」在柏拉圖以後的西方文化和思想史上所展現的不同型態。見 Ying-shih Yu, "Between the Heavenly and the Human," in Tu Weiming and Mary Evelyn Tucker, eds., *Confucian Spirituality*, vol. I (New York: Crossroad Pub. Company, 2003), pp. 62-80；中譯本見何俊編，余英時著，《人文與理性的中國》（台北：聯經出版公司，二〇〇八），頁一—二二。

道之終極關懷與百姓人倫日用相貫通、相融會，人們體會多少，就可以享受多少；實踐多少，就可以得益多少。[4]

這是一個平實可信的論斷，可見《老子》中的超越世界（「道」）和現實世界（「人倫日用」）也是不相懸隔的。最後讓我再引《莊子．知北遊》中一段有趣的寓言：

東郭子問於莊子曰：「所謂道，惡乎在？」

莊子曰：「無所不在。」

東郭子曰：「期而後可。」（郭注云：「欲令莊子指名所在。」）

莊子曰：「在螻蟻。」

曰：「何其下邪？」

曰：「在稊稗。」

曰：「何其愈下邪？」

曰：「在瓦甓。」

曰：「何其愈甚邪？」

4　劉笑敢，《老子古今：五種對勘與析評引論》（北京：中國社會科學出版社，二〇〇六）上卷，頁三六五。

曰：「在屎溺。」

這是用「每況愈下」的方式打破以「道」爲高不可攀的俗見。以上所舉數例，或莊或諧，但無不強調「道」與「人倫日用」之間既非距離遙遠也非高下懸殊，與柏拉圖的理論恰好背道而馳。正是由於這一鮮明的對比，我才一直用「不即不離」四個字來概括中國超越世界和現實世界的關係[5]。

爲什麼中國軸心突破後兩個世界會具有「不即不離」的文化特色呢？我認爲關鍵便在內向超越，下面讓我試加解說。上一章已指出，「天人合一」從集體本位轉變爲個人本位的過程中，軸心思想家以「心」代「巫」，作爲超越世界（「道」）和現實世界（「人倫日用」）之間的媒介。個人作爲俗世的一員怎樣才能接觸到存有與價值的源頭呢？他們的最後答案是：依賴「心」的媒介作用；「心」通過修煉（如荀子所謂「治氣養心」）便可將「道」收入「心」中（如韓非所謂「虛心以爲道舍」）。這些都已在第六章中討論過了，不必重複。在這一基本架構下，個人如果要接觸「道」，第一步必須內轉，向一己的「心」中求索。但這並不是說「道」全出於個人之「心」；事實上，「道」的源頭在「天」仍是諸子的一個基本預設，孟子「盡其心，知其性，則知天」即是顯證。劉殿爵論此語，認爲孟子相信：「由人心深處有一祕道可以上通於天，而所屬

5　見我的《從價值系統看中國文化的現代意義》（台北：時報文化，一九八四），現已收入《知識人與中國文化的價值》（台北：時報文化，二〇〇七），頁二〇—二一。

於天者已非外在於人，反而變成是屬於人的最眞實的本性了。」（引在第三章）我想更推進一步，肯定這在軸心思想家中是一個相當普遍的想法，不限於孟子一人；第六章論「心」、「道」合一的諸家無不預設人「心」上通於「天」，否則「道」如何能進入「心」中並以之爲「舍」呢？「道」在「心」中，「知天」必先通過「盡心」、「知性」一道轉折，這是孟子爲儒家的內向超越所開示的基本方式。

孔子與內向超越的展開

但儒家的內向超越並不自孟子始，而必須上溯至孔子。我在第二章論「儒家的軸心突破」，曾重建了孔子從追尋「禮之本」到歸宿於「仁」的全部歷程。但由於當時內向超越的問題尚未進入議程，因此我的討論也引而未發。現在我要正式提出：孔子創建「仁禮一體」的新說是內向超越在中國思想史上破天荒之舉；他將作爲價值之源的超越世界第一次從外在的「天」移入人的內心並取得高度的成功。爲了支持這一論斷，讓我從第二章中選取若干關鍵性的事例，作進一步的解讀。首先必須指出，在孔子立說之前，傳統的看法一直都認定「禮之本」當外求之於「天」。所以西元前六一二年魯之季文子說：「禮以順天，天之道也。」《左傳》（昭公二十五年，西元前五一七）記鄭執政子產之語，也說「禮，天之經也。」子產是孔子的同時前輩，可見以「仁」爲「禮之本」確是孔子的創見。其次，孔子的「仁」雖得之於「天」，卻長駐於「心」。朱熹說：「得於天者只是箇仁，所以爲心之全體。」（《朱子語類》卷六〈性理三〉）這個解釋是很有根據的。《論語》上不少關於「仁」的表述都可以和朱熹的說法相印證，如「仁遠乎哉？我欲仁，斯仁至矣。」「爲仁由己，而由乎人哉？」「回也，其心三月不違仁。」這些表述顯然都假定「仁」內在於「心」。所以孟子直截了當地說：「仁，人心也。」（〈告子上〉）正是由於「仁」的遠源雖出於「天」而運作的場所卻在「心」，所以孔子在尋求「禮之本」時才不走季文子與子產外求之「天」的舊路而改爲內求之「心」，歸宿於「仁」。我在第二章曾說過，孔子開闢「仁禮一體」的新路使他成爲「中國軸心突破的第一位哲人」。現在我必須下一轉語：孔子之所以能成爲軸心突破的第一人則是因爲他孤明先發，找到了內向超越這一最具關鍵性的突破口。

以上關於孔子的討論絕無誇張他的歷史作用之意，不過是想將他在軸心突破方面的貢獻表達得更具體、更精確一些。內向超越的突破雖由孔子開其端，但這並不是說孔子憑一己之力，無中生有地開闢了一個新的精神世界。前面已說過，作爲「集大成」者，孔子所創建的思想體系吸收了不少前人的智慧。例如「克己復禮爲仁」已見於「古志」，「不學禮，無以立」則是孟僖子的臨死之言，均見第二章。然而這些孤立的單辭短句究竟應該如何理解，是很難決定的。在《論語》中，由於有其他種種相關的語句互相配搭，這些孤立的陳述便構成了一整套的意義系統；內向超越的突破只有通過整套意義系統才能發生。分析至此我們已得到一個確定的結論，即孔子的軸心突破之前曾經歷了一段相當長的醞釀階段；但這個階段事實上卻已在軸心時代之內。這裡我必須將「軸心時代」（"Axial age"）和「軸心突破」（"Axial breakthrough"）兩個概念區別開來。雅斯培最早將軸心時代劃在西元前八○○至二○○年之間，這是因爲他提到的四大古文明的軸心突破都發生在這六百年之中。由於軸心突破在每一文明都是獨立出現的，彼此之間並沒有任何互相影響可言，因此軸心時代的開始和進行也各有不同的時間表。後來莫密格利亞諾（Arnaldo Momigliano, 1908-1987）把軸心時代縮短一半，定爲西元前六○○至三○○年，對於希臘、中國和印度似乎都更適當[6]。大概言之，「軸心時代」可以長達兩三個世紀。但「軸心突破」則是在「軸心時代」中所發生的思想變化——各方面的思想變化如政治、倫理、宗教、哲學等。所以突破不是一兩個事件，而是一系列的事件，從最早的醞釀到以後延續不斷的思想變動；其最終的歸宿則是文明的精神狀態整體地跳上了一個更高的階段，如孔子以後的諸子世界或蘇格拉底以下的希臘哲學世界。

但是關於軸心突破，我要澄清一個可能的誤解。過去我們似有一種錯覺，認爲突破以後，文明進入一個更高的思維層面，「前突破時代」（"pre-axial age"）傳衍下來的舊思維、舊信仰、舊習慣等便自然而然地遭到被淘汰的命運。誠然，軸心突破開闢了一個超越世界，爲批判現實秩序——包括宗教、政治、倫理、禮儀等各方面——提供了精神的根據。然而這一新開闢的思想領域，當時除了學派創始者及其門徒外，一般人是很難得其門而入的。孔子便因爲沒有人了解他「不怨

6　見 Karl Jaspers, *The Origin and Goal of History*, pp. 1-11; Arnaldo Momigli ano, *Alien Wisdom: The Limits of Hellenization* (Cambridge: Cambridge University Press, 1971), pp. 8-10.

天，不尤人，下學而上達」的一套道理，才感嘆道：「莫我知也夫！」（《論語・憲問》）《老子》也說：「吾言甚易知，甚易行。天下莫能知，莫能行。……知我者希，則我者貴。」（第七十章）可見軸心突破對於多數人的日常生活不可能發生立即的效應；他們仍然生活在突破前舊傳統的影響之下。以中國的情況說，我已指出：軸心突破後巫文化的勢力並未衰落，無論在諸侯的宮廷或民間都繼續在發揮著作用（見第四章之末）。最近西方學人討論到古代希臘軸心突破的情況也恰好可以與先秦諸子的出現互相印證。

希臘的軸心突破是哲學思辨從諸神世界中興起，現在有人分別稱之爲「神話文化」（"mythic culture"）和「理論文化」（"theoretic culture"）。無論就精神境界或思維的精確性而言，理論文化都遠高於神話文化，這是不待說的。但後者並未因前者的出現而消歇；相反的，它仍然是一般人（包括個人和群體）常態生活中一個不可或缺的部分。換言之，理論文化與神話文化在緊張中共存，並各在不同領域中發揮其特殊的作用。又由於理論文化具有高度專業化的性質，所需要的語言非一般人所能解，它始終掌握在少數哲學家的手中。柏拉圖認爲哲學生活並不是人人都能享有的，其理由即在於此[7]。

7 以上論古代希臘的軸心突破，見Robert N. Bellah, "What is Axial about the Axial Age?", *Archives Européennes de Sociologie*, Tome XLYI, Numero I (2005), pp. 69-89. 這篇文字很受Charles Taylor的重視，因此他也寫了一篇論文申論Bellah的看法，見"What was the Axial Revolution?" in Charles Taylor, *Dilemmas and Connections: Selected Essays* (Cambridge, Massachusetts and London, England: The Belknap Press of Harvard University

接著我還要澄清一下「軸心時代」的概念，然後回到上面談到的「軸心突破」前所謂醞釀期的問題。雅斯培在前引《歷史的起源和目的》中雖曾反覆討論到「軸心時代」的上限和下限，卻並未對「軸心時代」的開始作清楚的交代，以致往往使讀者發生誤解，認爲「軸心時代」是和「軸心突破」同時並起的。其實則不然。他強調歷史的變動以漸不以遽，因此常在轉換過程("transition")之中，即從一種狀態轉變到另一種狀態。他所謂「轉換過程」即相當於我所說的「醞釀期」，這一點可以從他所舉希臘軸心突破的實例中得到充分的證明。他說：

> 「希臘悲劇」(Greek Tragedy)處於從神話轉換爲哲學的中間。悲劇詩人仍然從傳統的質材中創造神話，並賦之以更深刻的形象，但其直覺儘管出於最早期的資料，他們在實踐中卻一直在對神話進行質問和解釋。他們提高了神話的內容，然而也導向神話的解體。神話之獲得涵義最深的整合與排定全是這些悲劇作者的創造之功，但同時，神話作爲一個無所不包的真實也是在他們的手上終結的。[8]

(續)

Press, 2011), pp. 367-379. 按：「神話文化」與「理論文化」之分是心理學家頓諾德(Merlin Donald)的貢獻，貝拉關於宗教演進的研究受他的影響極大。參看 Merlin Donald, "An Evolutionary Approach to Culture: Implications for the Study of the Axial Age," in Robert N. Bellah and Hans Joas, eds., *The Axial Age and Its Consequences* (The Belknap Press of Harvard University Press, 2012), pp. 47-76.

8 Jaspers, The Origin and Goal of History, p. 243.

前面早已討論過，希臘的「軸心突破」始於哲學思維的展開，其歷史背景則是神話文化。雅斯培關於悲劇的觀察很有啓發性，爲希臘「軸心突破」前的精神發展史增添了一個重大的環節。由此可知：希臘從神話文化轉換至哲學(或理論)文化並非一蹴即至，而是經歷了一個悲劇創作的過渡階段。換句話說，古代希臘和古代中國一樣，「軸心突破」也是在長期醞釀之後才出現的。

孔子的「軸心突破」前有所承，所以孟子說他「集大成」，現代思想史家也曾不斷揭示孔子人文精神的淵源所在。「醞釀期」的概念便是針對著孔子以前的思想轉變史而提出的。現在由於希臘悲劇階段的印證，我對於這一概念的有效性更深信不疑了。根據我的理解，「醞釀期」一方面必須看作是「軸心時代」的正式開始，因爲它爲「軸心突破」創造了一切可能的條件；另一方面則標誌著舊傳統雖已動搖，然而全新的精神超越卻仍在發展之中。在這一理解下，我肯定孔子創建了內向超越的思維典範，因而成爲中國「軸心突破」的第一人，然而中國「軸心時代」的序幕卻不是由他揭開的。討論至此，我不能不對中國軸心時代的上限提出我的看法。它究竟始於何時？當然免不了有見仁見智之異。首先我要指出，二十多年前已故史華慈教授曾將中國軸心時代上推至周初。根據《詩經》和《尙書》的相關文字，他斷定周初關於「天命」的種種說法清楚地證明中國已發生了「宗教—倫理的超越」(“religious-ethical transcendence”)——這一「超越世界」的出現是所有高級文明「軸心時代」到來的確切印記[9]。史華慈的論斷是經過愼重考慮而得到

9 見 Benjamin I. Schwartz, *The World of Thought in Ancient China* (Cambridge, Massachusetts and London,

的，確然持之有故。事實上他所說的「宗教─倫理的超越」是指周公「制禮作樂」而言。我在前面已分析過，周公「制禮」的最大特色是強調周王朝既受「天命」，便必須用人爲的「德」(如恤民、勤政、愼刑等)來建立一套「禮」的秩序，使王朝的「天命」得以不斷地延續下去。這確是三代禮樂史上第一個劃時代的大變革。我也承認這是一次突破，然而只是三代禮樂傳統內部的突破，並不能當「軸心突破」之稱；孔子以「仁」說「禮」，開創了內向超越，才是「軸心突破」的眞正始點[10]。

「修德」──春秋時期的精神內向運動

孔子爲「軸心突破」第一人的事實既得到肯定，則「軸心時代」的醞釀期只能在孔子之前不

(續)

England: The Belknap Press of Harvard University Press, 1985), p. 53.

10 詳見本書第二章。許倬雲和林德芙合著《西周文明》說周初「天命論」可以看作是走向「雅斯培式突破」("Jaspersian breakthrough")的「第一步」("the first step")。這是一個比較穩妥的看法。(見Cho-yun Hsu and Katheryn M. Linduff, *Western Chou Civilization*, New Haven: Yale University Press, 1988, p. 111.) 最近Robert N. Bellah也持此說甚力，見*Religion in Human Evolution*, pp. 256-257. 關於史華慈先生的論點，友人張灝已有專文商榷，他的看法和本書所論大致相近，可以互相參證。見 Hao Chang, "Some Reflections on the Problem of the Axial-Age Breakthrough in Relation to Classical Confucianism," in Paul A. Cohen and Merle Goldman, eds., *Ideas Across Cultures: Essays on Chinese Thought in Honor of Benjamin I. Schwartz* (Cambridge, Mass.: Council on East Asian Studies, Harvard University: Distributed by Harvard University Press, 1990), pp. 17-31.

久的一段時間之內，質言之，即春秋(西元前七二二—四八一)的前半段。為了對醞釀期的作用獲致較具體的認識，我曾遍檢《左傳》、《國語》等文本以尋求歷史的線索。我的探索重點不在個別觀念的淵源如「克己復禮為仁」之類，而在一個整體的精神動態，上起於「軸心突破」之前，但一直下貫至「突破」以後。唯有如此，我們才能確定孔子的內向超越是怎樣醞釀出來的。經過反覆爬梳，龐雜的史料終於透露出一條發展的脈絡：大致從西元前七世紀中葉起，即在孔子出生前一世紀左右，一個新的精神運動在卿大夫階層間悄然興起並一直延續到後世，而與「軸心突破」相銜接。這一運動可以名之為「修德」。但這時「德」的涵義已發生了很大的變化，西周時期與王朝「天命」相聯繫的集體和外在的「德」，逐漸轉為個人化、內在化的「德」。這一點留待後文再發揮。概括言之，春秋各國統治階層對於君主或執政卿大夫所「修」之「德」發生了很深的信仰；他們認為這一內在於人的「德」具有極大的潛力，遠比任何外在力量更能保證國家的安全或解救其危機。自西元前七世紀中葉以來，無論大國或小國在面臨安危的關鍵時刻，朝廷上的議論往往首先強調「修德」。所以我認為這是一個長期的內向運動，先秦「軸心突破」之所以歸宿於內向超越的特殊途徑，不但理有固然，而且勢有必至。為了進一步證實上述的概括，以下我將順著時序，選出幾個以「德」的觀念為中心的例案，分別予以討論。我的分析和研討將聚焦於每一例案本身的歷史意義及其所反映的思想變遷，但最後通貫前後諸例案以觀，我希望精神內向作為醞釀期的一個歷史趨勢也可以清楚地呈現出來。

《左傳》僖公五年(西元前六五五)條分別記述了晉、虞兩國朝廷上的重大爭議。爭議都起於國君和執政大夫之間在有關重要政策方面的嚴重分歧，而「德」的問題則同爲論辯的關鍵所在。讓我先對個別爭議的事實簡單作一交代，然後再討論其歷史意義。先說晉國的事。

晉獻公責令士蔿（按：時爲大司空）爲他二子（按：重耳、夷吾）各築一城（按：蒲、屈，都在邊境）以加強防衛，但後者認爲當時並無兵患，築城必將爲內部敵人所用（「無戎而城，讎必保焉。」），因此持反對態度。最後士蔿借機向獻公進諫詞，下面這句話尤爲重要：

《詩》云：「懷德惟寧，宗子惟城。」（按：《詩・大雅・板之七章》）君其修德而固宗子，何城如之？

這裡「修德」的提出顯然是對於獻公寵信驪姬及種種喪德敗行的諷刺。就我所見的史料，這是有關「德」的新信仰的最早的一個例證，所引「懷德惟寧，宗子惟城」之句與原義大有出入，原詩將「宗子」比作「城」，以強調「宗子」的重要，但並不含「修德而固宗子」的意思。可見「德」的觀念已發生微妙的變化。這一點留待下面再說。如果應用當時流行的表述方式（見後文引「在德不在鼎」），我們不妨把士蔿的議論歸納爲「在德不在城」五個字，意即國防的眞正保障不是外在的城池而是內在的道德。這便是我所說的內向的思想運動。

其次，再談虞國的事，也和晉獻公的爭霸活動有關。晉獻公第二次要求假道於虞以伐虢，大夫宮之奇堅決反對，認爲虞、虢二小國如脣齒相依，虢亡則虞也必不保。但虞公禁不起壓力，找出種種理由來爲「假道」作辯護，和宮之奇反覆爭論不已。最後理屈辭窮，他竟乞靈於「神」的庇護，說：「吾享祀豐絜，神必據（按：據，依也）我。」這句話引出了宮之奇下面一段重要的駁論：

> 臣聞之，鬼神非人實親，惟德是依。故《周書》曰：「皇天無親，惟德是輔。」又曰：「黍稷非馨，明德惟馨。」又曰：「民不易物，惟德緊物。」如是則非德，民不和，神不享矣。神所馮依，將在德矣。

與上引晉國的爭議不同，虞公和宮之奇的論題最後轉移到人神交通的領域，即人如何才能取得神的庇護問題。虞公顯然仍遵守當時流行的傳統信仰，認爲豐厚祭品必能得到神的保佑；宮之奇則和士蔿一樣，已接受了關於內在之「德」的新信仰，因而強調「非德」則「神不享」，「神所馮依」惟「在德」。我們可以也把宮之奇的論點概括爲「在德不在祀」五個字，與士蔿之說恰成對照。當時是所謂「國之大事，在祀與戎」（《左傳》成公十三年）的時代，築城屬於「戎」的範疇，可見在卿大夫心中，「國之大事」都必須以內在之「德」爲基礎。宮之奇引《周書》「皇天無親，惟德是輔」等語，大概出於《尚書》的逸文。但是我必須鄭重指出，這裡「德」的觀念已發生了微妙的變化。周初所謂「德」屬於王朝的集體，非「王」（或「天子」）個人所有，且與「天命」直接相關。（如〈召誥〉「王其德之用，祈天永命」，詳見第二章。）但春秋諸侯的封國根本不發生「天命」問題，所以《左傳》中涉及諸侯之「德」往往指他們個人的德性修養，士蔿諫晉獻公「君其修德」即是一例。我們還可以舉其他事例證實此點。《左傳》僖公十九年（西元前六四一）宋國子魚諫宋公勿對曹國用兵，便說：「今君德無乃猶有所闕，而以伐人，若之何？盍姑內省德乎！」此語中「內省德」三字明指人君個人的內在道德。下及孔子之世，「在其君之德」（襄公十八年，西元前五五五）、「有德之君」（昭公二十年，西元前五二二）等表述詞已普遍流行。《論語・爲政》：「爲政以德，譬如北辰，居其所而眾星共（按：即「拱」）之。」這一觀念便是從春秋早期逐漸演進而成的。

最後我還要指出，以上兩種關於祭祀信仰的衝突恰好反映了「軸心突破」醞釀期的思想動向，即長期在巫祝操縱下的祭祀傳統開始受到嚴重的質疑。「吾享祀豐絜，神必據我」之說似是作爲人神之間中介者的巫、祝之流倡導出來的；他們爲了保持在禮樂系統中的權位，造作此說以取得君卿大夫的信任。我作此斷語是有根據的，下引之例可以爲證。《左傳》昭公二十年（西元前五二二）條：

> 齊侯（按：景公）疥，遂痁，期而不瘳。諸侯之賓問疾者多在。梁丘據與裔款（杜預注：「二子，齊嬖大夫也。」）言於公曰：「吾事鬼神豐，於先君有加矣。今君疾病，爲諸侯憂，是祝、史之罪也。諸侯不知，其謂我不敬，君盍誅於祝固、史嚚以辭賓？」

此例最能說明「事鬼神豐」出於巫、祝之流的主張，否則何以齊景公病久不愈，神不顯靈，竟斷爲「祝、史之罪而誅之」？但當時晏子(按：晏嬰)則向景公表示強烈的反對，他的觀點與宮之奇相似，所以最後說：「君若欲誅於祝、史，修德而後可。」齊景公上距虞公已一百三十餘年，可知兩種不同祭祀信仰長期以來一直在爭持中。前面我已一再說過，先秦諸子「軸心突破」的特色之一是在與巫傳統互相爭衡中逐漸展開的。上引「在德不在祀」兩例則將這一爭衡在醞釀期的動態具體地展示了出來。

接著我要再介紹一個關於「德」的特殊事例，《左傳》宣公三年(西元前六〇六)條載：

> 楚子(按：楚莊王)伐陸渾之戎，遂至於雒(按：洛陽)，觀兵于周疆。定王使王孫滿勞楚子。楚子問鼎之大小輕重焉。對曰：「在德不在鼎。(中略)德之休明，雖小，重也。其姦回昏亂，雖大，輕也。天祚明德，有所厎止。成王定鼎于郟鄏，卜世三十，卜年七百，天所命也。周德雖衰，天命未改。鼎之輕重，未可問也。」(按：可參看《史記・楚世家》)

楚莊王「問鼎」顯然是企圖取周而代之；他以九鼎爲「天命」的象徵，只要能把九鼎搬到楚國，「天命」便將隨之而至。針對著楚的野心，王孫滿歷引夏、商、周三代的興亡事蹟，以說明九鼎的得失全繫於「德」之有無與多寡。「在德不在鼎」的著名論斷便建立在這一根據上面。從字面上說，王孫滿似乎僅僅將周初的天命論重述了一遍。其實不然，關鍵即在「德」字已非周初之舊義。他所謂「德之休明」和「姦回昏亂」都明明指向君主個人的精神狀態。楊伯峻注前一語云：「若君主有美德，九鼎雖小，亦重而不可遷」；注後一語則說：「君主之德若姦回昏亂，九鼎雖大，亦輕而可遷。」[11]楊註兩處都扣緊「君主」個人而言，無疑已得其正解。可知「在德不在鼎」之「德」與前引「在德不在城」和「在德不在祀」兩處之「德」不但涵義相同，而且一脈相承而來。合此三例而觀，精神內向的新動態至遲在西元前七世紀中葉已充分展開了。

現在我要將討論的重心下移至西元前六世紀中葉，即孔子的時代，以闡明精神內向運動的歷史演進。《左傳》昭公四年（西元前五三八）條記楚欲會諸侯爲盟主，徵晉同意事。原文太長，簡括如下：晉平公的直接反應是「欲勿許」，但司馬侯估計雙方勢力，以爲「不可」。君臣兩人因此有下面的爭論：

> 公曰：「晉有三不殆，其何敵之有？國險而多馬，齊、楚多難；有是三者，何鄉而不濟？」對曰：「恃險與馬，而虞（按：竹添光鴻《左傳會箋》以「虞」作「望」解，可從）鄰國之難，是三殆也。（中略）恃險與馬，不可以爲固也，從古以然。是以先王務修德音，以亨（按：即「享」）神、人，不聞其務險與馬也。鄰國之難，不可虞也。（中略）

11　見楊伯峻，《春秋左傳注》，下冊，頁六七一。

恃此三者，而不修政德，亡於不暇，又何能濟？（下略）

晉平公恃地勢險惡，多戰馬以及敵國內部有困難三大優越條件，自信與楚爭霸必操勝劵，故不肯讓楚靈王主盟。但經司馬侯逐項分析之後，他終於認識到三者無一可恃，而接受了楚的請求。司馬侯提出「先王務修德音」、「不聞其務險與馬」則明明是承襲了一百多年前士蔿「在德不在城」的觀念；我們也可以將這一說法簡化爲「在德不在險」[12]。「在德不在城」和「在德不在險」二語涵義基本上一致，都是在強調：國家安全最可靠的保證不是任何外在的優越條件，而是人君的內在之「德」。但是士蔿和司馬侯相隔如此之久，何以持論竟如一貫而下？我認爲這恰好折射出：精神內向確是一個持續進行的運動，從西元前七世紀一直延伸至西元前六世紀。運動的持續性還可以在有關人、神溝通的看法上得到進一步的印證。司馬侯在「先王務修德音」之後特別添上「以享神、人」四字，可證宮之奇「鬼神非人實親，惟德是依」的信仰在西元前六世紀中葉已相當流行；此處「神、人」之「人」即祖先之「鬼」，所以與宮之奇的「鬼神」所指完全相

12 「在德不在險」一語見《史記》卷六十五，〈吳起列傳〉：「武侯浮西河而下中流，顧而謂吳起曰：『美哉乎！山河之固，此魏國之寶也。』起對曰：『在德不在險。（中略）若君不修德，舟中之人盡爲敵國也。』」按：瀧川龜太郎《史記會注考證》曰：「《左傳》昭公四年，司馬侯對晉公曰：『……先王務修德音，以享神人，不聞務險與馬也。』吳起之對，蓋本於此。」（見卷六十五，頁一六。）此說可信。魏文侯與吳起的對話發生在戰國初年，但由於魏國是「三晉」之一，這一對話仍可視爲晉國政治文化的延續。

同[13]。「修德」以取得「鬼神」支持的觀念在春秋後期屢見不一見，上面已引《左傳》昭公二十年(西元前五二二)晏子答齊景公語，此外還有其他類似的記載，留待下面再說。

事實上，這個精神內向的運動並不止於長期持續而已，種種跡象顯示，它一直在擴展中，越往後越深入人心。限於篇幅，這裡只能涉及兩個方面。第一、西元前七世紀中葉晉獻公對於士蔿「在德不在城」的提議根本置之不理，而同時虞公則「弗聽」宮之奇「在德不在祀」之說。但晉平公不僅在論辯中終於爲司馬侯「在德不在險」的觀點所說服，而且對於「修德」以享神、鬼的新祭祀觀也信之不疑。我們有理由相信：晉平公的態度和當時的思想狀態是分不開的，因爲晉國貴族社群對於內在之「德」的信仰已相當普遍。(見後)但這裡我必須重提前引「在德不在鼎」的名言。我認爲王孫滿在東周最危急的關頭竟特別用這五個字來對付楚莊王「問鼎」的野心，必是因爲它具有高度的說服力。如果所測不誤，則「德」作爲一種個人化的精神力量早在西元前七世紀之末(西元前六〇六)已受到統治階層的高度重視了。

第二、個人化的內在之「德」至西元前六世紀時已從君主擴張到執政的卿大夫身上。《左傳》襄公二十七年(西元前五四六)記晉與楚會盟於宋，楚爭爲盟主，要求先「歃血」；晉則堅持「晉固爲諸侯盟主，未有先晉者也。」當時代表晉國往宋會盟的是執政趙文子(即趙武)和太傅叔向(即羊舌肸)兩人。叔向年高望重，連代表楚國會盟的令尹屈建(按：字子木)對他也非常欽敬。

13　見楊伯峻，《春秋左傳注》，下冊，頁一二四七。

他在審時度勢之後對趙武提出了「子務德，無爭先」的建議。關於這一事件的記載，《左傳》不及《國語》詳細，下面所引一段文字見於《國語》卷十四〈晉語〉：

宋之盟，楚人固請先歃。叔向謂趙文子曰：「夫伯王之勢，在德不在先歃。子若能以忠信贊君，而裨諸侯之闕，歃雖後，諸侯將戴之，何爭於先？若違於德，而以賄成事，今雖先歃，諸侯將棄之，何欲於先？（中略）子務德，無爭先；務德所以服楚也。」乃先楚人。（韋昭注：「讓使楚先。」按：這便是著名的「弭兵」之會。）

叔向「在德不在先歃」一語和「在德不在鼎」、「在德不在險」等表述方式如出一轍，但他告誡的對象不是晉平公而是執政趙文子，其中「以忠信贊君」明明指後者個人之「德」而言。何以知之？因爲叔向在另一場合向後者解釋「忠信」兩字時說：「忠不可暴，信不可犯。忠自中（韋昭注：「自中出也」）而信自身（韋昭注：「身行信也」），其爲德也深矣！其爲本也固矣！」（《國語》卷十四〈晉語〉）「忠自中而信自身」一語恰好將「德」的個人性與內在性同時透顯了出來[14]。執政卿大夫的個人內在之「德」在西元前六世紀受到高度重視，和當時的歷史變動密

14　陳來在《古代思想文化的世界》指出：「德」在春秋時代「越來越內在化」，其論據是很堅實的。陳來，《古代思想文化的世界》（北京：三聯書店，二〇〇二），頁二八五。

相關涉。春秋霸政進入衰微期之後，各國大權逐漸落在卿大夫階層之手。於是一個新的說法開始在卿大夫社群中流行：「德」是權力的眞正源頭；卿大夫執政而取得輝煌的成績是他們「修德」的結果。讓我舉一個例子來說明這一點。下面的對話也發生在晉、楚弭兵之會的期間，《左傳》襄公二十七年七月乙酉條云：

> 子木（按：即楚令尹屈建）問於趙孟（按：即晉執政趙文子）曰：「范武子之德何如？」對曰：「夫子之家事治，言於晉國無隱情，其祝史陳信於鬼神無愧辭。」[15] 子木歸以語（楚康）王。王曰：「尚矣哉！能歆神人，宜其光輔五君，以爲盟主也。」

這裡必須先交代一下范武子的背景。范武子名士會，他的祖父便是主張「在德不在城」的士蔿。他自晉文公五年（西元前六三二）攝大夫（見《國語》卷十四〈晉語〉之韋昭解），至晉景公八年（西元前五九二）告老（見《左傳》宣公十七年），先後輔佐五君，晉之霸主地位是在他手上建立起來的。趙文子答子木之問，特別拈出士會之「德」的三個主要方面：「家事治」指他的家族私「德」，大概可以概括在「孝友」的範疇中；「言於晉國無隱情」顯指「忠」德；「陳信於鬼神

15 見楊伯峻，《春秋左傳注》，下冊，頁一一三三；並可參看頁一四一五記齊國晏子在西元前五二二年對這次對話的重述。

無愧辭」則強調「信」德，而「鬼神非人實親，惟德是依」之說已普遍流行，也由此可知。總之，這三方面都屬個人化的內在之德，而當時卿士大夫則深信士會即憑此「德」先後輔佐五君，成就了晉國的霸業。這一信仰不僅在晉國卿大夫階層中植根很深，而且楚令尹屈建、楚康王以及齊晏子(嬰)、齊景公也都毫不遲疑地接受了下來。醞釀期的精神內向運動不斷擴大，在此已得到充分的印證。

以上我以「德」的觀念爲主線，檢討了春秋中晚期的精神動態；這一動態可以概括爲價值取向的長期內轉，其最後歸宿則是「德」的個人化和內在化。這是一段重要的歷史進程，它的重建十分必要，否則我們將難以理解中國軸心突破何以最後落實在內向超越的格局上面。在這一歷史重建的基礎之上，我們現在可以斷定：春秋中期(即西元前七世紀中葉)以下是軸心時代的醞釀階段，其間雖未發生突破，但已接近臨界點了。內向超越是沿著價值取向內轉的道路而踏上一個更高的階次。但春秋時期的精神動向爲什麼僅止步於突破的門檻呢？我想試從「德」的個人化和內在化的內在限制方面提出初步的解答。先說個人化問題。春秋時期的「德」雖已與「天命」脫鉤，也不再與王朝興亡緊密相連，然而「德」的個人化卻限於諸侯、執政、卿大夫等，即少數政治上層的人物，仍與周初集體性格的「德」有傳承關係。若與軸心突破以後的情形作一對照，孔子所謂「德之不修」(《論語・述而》)顯指一般人而言；所「修」之「德」也不必與政治或公共事務相關，如曾參之「吾日三省吾身」(〈學而〉)。至於後來《大學》所謂「自天子以至於庶人，壹是皆以修身爲本」，則更不在話下了。其次再看內在化。「德」內在於人的意識至遲在春秋晚期(西元前六世紀中葉)已確然出現，但究竟內在於何處？又以何種方式內在於人？在春秋時代的文獻中找不出明朗的答案。此中關鍵在於當時還沒有軸心突破後的「心」的觀念，如孔子之「仁」即是「人心」或孟子所謂「仁義禮智根於心」(〈盡心上〉)。前面早已討論過，軸心突破所發展出來的「心」取代了「巫」的地位而成為人與超越領域(「天」或「道」)之間的中介。但春秋時期的「德」，如上引諸例之所示，則與「巫」相關涉。當時貴族都是在禮樂傳統中成長起來的，禮樂雖日益衰落，鬼神信仰也有人質疑，然而整體信仰尚未崩潰。不過他們對待鬼神的態度大致分為兩種：一是虞公所謂「享祀豐絜，神必據(依)我」，等於向鬼神行賄賂；另一是宮之奇所謂「鬼神非人實親，惟德是依」，即憑自己的德行成就來爭取鬼神的支持。但是「德」既與鬼神發生聯繫，又復進入祭祀系統，則必然落在「巫」、「祝」、「史」一類人的運作範圍之內。例如上引范武子之「德」，其中一項便是「其祝、史陳信於鬼神無愧辭」。杜預注云：

> 祝陳馨香，德足以副之，故不愧也。

竹添光鴻箋曰：

大夫之家亦有祝、史。[16]

可知范武子的信仰同於宮之奇，而一般貴族之家都有巫、祝專家代他們和鬼神之間進行溝通的工作。在鬼神信仰盛行而巫術仍然活躍的狀態下，「德」的內在化有其無法克服的內在限制，這是不言而喻的。只有鬼神退處幕後（「敬鬼神而遠之」）和「心」取代了「巫」的中介地位，再配以其他相關的條件，內向超越才能全面展開。這當然是軸心突破以後的事了[17]。

---

16 見竹添光鴻，《左傳會箋》（台北：鳳凰出版社影印本，一九七四），第十八，頁三七。

17 關於「在德不在祀」這一春秋時代的精神新動向，最近在考古學研究中得到高度的印證。這裡我要介紹一下羅泰二〇〇六年的一部專著。(Lothar von Falkenhausen, *Chinese Society in the Age of Confucius (1000-250 BC): The Archaeological Evidence*, Cotsen Institute of Archaeology, University of California, Los Angeles, 2006.) 羅泰此書的主旨在根據新發現的資料來建構一個純考古觀點的「孔子時代」，而所謂「孔子時代」在思想史上則恰是中國的「軸心時代」。(pp. 10-11)限於篇幅，茲僅略述其中可與「在德不在祀」意識互證之論點，以見一斑：就金文所見，西周祭祀銘文多強調祖先的庇祐，春秋中葉以下求庇於祖先的觀念則明顯地變得淡薄了。祭祀之禮的聚焦點也從祖先世界轉移到此時此地的生活秩序。春秋時人仍然尊崇並祭祀祖先，這是不必說的；但他們已不再仰賴祖先在另一世界賜予援手了。爲了保持現有人間秩序的長治久安，他們只有靠自己的不斷努力，羅泰描寫這種努力爲「禮制和政治上的正確行爲」("ritually and politically correct behavior")，其實便是當時常說的「德行」。羅泰特別引一九九〇年刊布的楚墓銘刻來證明他的論點，即著名的王孫誥雍鐘，在河南淅川下寺的一座楚墓中發現的。墓主是楚之王孫，名誥，時代則在西元前六世紀中葉，大約正值孔子的童年時期。大體上說，羅泰的基本觀察都在雍鐘銘刻中獲致有力的支持。例如王孫誥強調自己守「禮」不失和以「德」爲治兩點即羅泰所謂「禮制和政治上正確行爲」之根據。(pp. 295-297)我們試一回顧西元前七世紀中葉以來，「鬼神非人實親，惟德是依」的觀念已開始流行，便可斷定王孫

「道心」與「人心」：內向超越的歸宿

內向超越所能達到的最高境界是「心」和「道」的合一，也就是軸心突破以後的新「天人合一」。(見第六章)但此處涉及一個重要論點值得特別提出，即由於內向超越之故，「心」在中國思想史上的地位不斷在提高之中，尤其是在孟子、莊子各以不同方式發展了「心」學之後。很意外地，郭店楚簡中有一種文字現象竟有力地支持了上述的論點。龐樸在〈郢書燕說〉一文中，發現郭店楚簡中，新造的從「心」之字特別多；他將這一現象和一九七七年河北平山出土的「中山三器」聯繫起來作比較考察，因爲此三器中也有不少從「心」的字。南北懸隔但時代相去並不太遠，而文字現象竟如此相似，這當然不能不引起研究者的詫異。其中最值得注意的是一個上「身」下「心」的新字，在郭店楚簡中出現的頻率最高。由於上下文本的根據十分清楚，此字即是「仁」字已確定無疑。前面我曾指出孟子直接把「仁」字界定爲「人心」，此新字的涵義大致與之相同。此外簡中「義」字也有寫作上「我」下「心」者，與「仁」的新字恰好相輔以行。龐樸認爲這是「儒學走向心性論研究，相信人道源於人心的又一表現」，不失爲一合理的看法[18]。

(續)

詰雍鐘銘文正是上述精神新動向的一個環節。

18 見龐樸，〈郢書燕說——郭店楚簡中山三器心旁文字試說〉，收在武漢大學中國文化研究院編，《郭店楚簡國際學術研討會論文集》，頁三七—四二。

就我所見，仁、義二字之心化和大量心旁字的出現當在孟子思想流行之後；無論如何，這一特殊現象是與內向超越相伴而來的。

最後，讓我回到本章開端所提出的問題：爲什麼中國的超越世界（「道」）和現實世界（「人倫日用」）既非高下懸殊又非相距遙遠，而形成一種「不即不離」的關係？儒家強調「道不遠人」或道家敷陳「道」之「無所不在」，不過是從不同角度勾勒出這兩個世界之間的「不即不離」而已。前面我已點出這一特色的關鍵在內向超越，現在曲終奏雅，我應該對此關鍵作一更具體的交代。在這一關聯上，我必須鄭重提出「道心」和「人心」一對概念。

一提及這兩個概念，讀者最先想到的必然是僞古文《尚書・大禹謨》中所謂虞廷傳心十六字：「人心惟危，道心惟微；惟精惟一，允執厥中。」我們都知道，「人心」、「道心」之分在宋明思想史上發揮過無與倫比的重大作用，無論是程、朱派或陸、王派都信奉之而不疑；「天理」與「人欲」之辨即以「道心」、「人心」之分爲始點。但自閻若璩（一六三六—一七〇四）辨僞以來，〈大禹謨〉「傳心」十六字之僞既成定論，「道心」、「人心」的概念在清代已少有人問津。我重提這一對概念當然不是要翻〈大禹謨〉的僞案，那是不可能的事。相反地，正是因爲此一僞案，我才深切認識到「人心」、「道心」在中國軸心時代思想史上的重要性。閻若璩考證〈大禹謨〉「句句有本」，揭示「人心」、「道心」兩句最初見於《荀子・解蔽》篇，原文如下：

> 故《道經》曰：「人心之危，道心之微。」

可知「道心」、「人心」源出當時流傳的《道經》。據近人研究，〈解蔽〉或是荀子早年（大約西元前二八五）在稷下時所作[19]。因此我們大致可以推斷，這部《道經》最遲也應出現在西元前四世紀中葉之前，否則不可能以經典的身分流通於世並爲荀子所引用。此書並非《老子》書中的同名部分，而且也未必出於道家，因爲嚴格地說，「道家」名稱在先秦時期尚未成立。從荀子的引用和以後被收入僞〈大禹謨〉之中，可以推測《道經》很可能是儒家作品。無論如何，「人心」、「道心」之別爲思想界所接受是一個很有意義的信號，表示內向超越已進入相當成熟的階段。

《道經》以「人心之危」與「道心之微」對舉，將二者之間的緊張充分地顯露了出來，這和現實世界（「人倫日用」）與超越世界（「道」）之間的緊張似乎密切相關。「道心」和「人心」究竟是一心還是二心，歷來爭論既大且多，此處無法展開討論。如就《荀子》一書而言，我相信是指同一「心」的兩種相反但又相成的傾向。荀子本人在〈正名〉篇中便曾有過「以仁心說」、「以學心聽」、「以公心辨」的用法，明指同一心的三種不同的運作方式。不但如此，荀子在引

19 見 John Knoblock, *Xunzi: A Translation and Study of the Complete Works*, vol. I (Stanford, Calif. : Stanford University Press, 1988), pp. 4-7.

《道經》之後接著發議論說：

> 危微之幾，惟明君子而後能知之。故人心譬如槃水，正錯而勿動，則湛濁在下，而清明在上，則足以見鬚眉而察理矣。微風過之，湛濁動乎下，清明亂於上，則不可以得大形之正也。心亦如是矣。（〈解蔽〉）

「道心」、「人心」是同一「心」的兩種狀態，他在這幾句話中已交代得十分清楚。但「人心」與「道心」，正如現實世界與超越世界一樣，是不容偏廢的。此所以朱熹說：「雖上智不能無人心」，「雖下愚不能無道心」（《中庸章句序》）。爲什麼呢？因爲我們在現實世界中一切日用常行都離不開「人心」，而我們在超越世界中尋求價值之源則不能不依賴「道心」的指引。由於「人心」、「道心」是同一「心」的兩種相反但卻相成的傾向，這兩者之間的關係也是「不即不離」的：就同爲一「心」而言，二者是「不離」的，就各有所司而言，則二者又是「不即」的。所以我認爲這兩個新名詞出現在西元前四世紀中葉，是中國內向超越已發展到成熟階段的可靠信號，「人心」、「道心」之辨在宋、明思想史上能發生那樣深邃而持久的影響，絕不是偶然的。

跋一

這篇關於「天人之際」的專論，從醞釀到完稿，先後經歷了十二、三年之久。但其中足足有十年時間，我已將它置於「放棄了的計畫」之列。現在全書即將刊布，我願意將它的緣起、擱置，以至重生的過程交代出來，以爲讀者理解之一助。在這篇跋文中，我想說明兩個相關的問題：第一，我爲什麼會選擇這樣一個超出自己能力之外的研究論題？第二，爲什麼我最後採取了如文中所表現的特殊論述方式——譯文和自撰文交錯而出？

一九九七年春季日本大江健三郎在普林斯頓大學訪問，東亞學系獲得大學當局的支持，組織了一次規模較大的「普大研討會」（"Princeton University Symposium"），專門講論古代東亞的宗教。在「宗教與想像」（"Religion and Imagination: Global Perspectives"）的總題下，會議分兩天舉行（五月九日至十日）。致開幕詞的是美國諾貝爾文學獎的莫里遜女士（Toni Morrison），最後一場講論則是大江的「文學與宗教想像之間」（"Between Literary and Religious Imagination"），整個研討會的氣氛是很熱烈的。我應邀參加，寫了一篇講詞在會中宣讀。我講的是古代禮樂傳統怎樣通過曲折的變遷，終於引導出軸心突破。早在一九七七年所撰〈古代知識階層的興起與發展〉一文中，我已正式提出了這一命題，但當時限於體例，未能充分展開論證。一九九七年的講討會給我提供了一個推陳出新的機緣。所以這篇講詞可以說是這部專論的發端。

我的興趣被激起之後，欲罷不能，於是在課餘之暇斷斷續續擴大原講詞的論旨，於一九九九年寫成了一篇英文長編，題曰"Between Heaven and Man: An Essay on Origins of the Chinese Mind in Classical Antiquity"，大概有三至四萬字左右。當時的計畫是補寫較詳細的註釋之後，以「專題研究」("monograph")的方式單獨刊行。爲了集思廣益，我將已完成的本文部分影印了幾十份，分贈友生，希望獲得回應，爲最後修訂的參考。但此時我已不知不覺中捲入朱熹的研究，原來的註釋和修訂計畫便擱置了下來。後來只有兩件事值得一提：第一是友人Mary Evelyn Tucker教授知道我有這篇英文論稿，堅邀我寫一篇概要加入她正在主編的一部有關古代儒學的論集中，這便是"Between The Heavenly and The Human," 收在*Confucian Spirituality*, Vol. One中(edited by Tu Weiming and Mary Evelyn Tucker, New York: Crossroad Publishing Company, 2003)。第二是香港中文大學中國文化研究所的《二十一世紀》雙月刊，決定在二〇〇〇年推出「軸心突破」專號，編者提議將本文第二節〈軸心突破與禮樂傳統〉譯成中文，作爲該期的一部分。我接受了此議並寫了一篇〈前言〉，刊於《二十一世紀》二〇〇〇年四月號。除此之外，全稿的其餘部分則一直處於塵封狀態。

三年前陳弱水先生主編《中國思想史上的重大轉型》（現改題爲《中國史新論・思想史分冊》），約我參加一份。他早就讀過我的贈稿，認爲恰好符合他的構想，因此希望我另寫一篇濃縮的中文本，作爲書中的一章。我當時一諾無辭，但沒有想到我的健康忽然不肯合作，竟無法如期交卷。弱水體諒我的困難，提議將英文稿第一、第三、第四、第五各節譯成中文，加上已刊布的第二節，合爲一文，再由我添寫一節簡短的結束語，以了結這一重公案。這樣的安排事實上已將我的工作負擔減到無可再少的境地，我當即以感激的心情接受了弱水的新建議。

譯稿不但兼信與達之長，而且將所引經典文本一一還原，超出了我的最高期待。但是通讀全稿之後，我發現我的工作負擔之重竟遠超乎最初估計之上。首先是全文的註釋問題。譯者根據原稿的註腳號碼，要求我補出所參考過的第二手資料。十幾年前撰寫初稿時，我曾將這些資料，特別是現代學人的研究成果，一一記在眉端，以備他日註釋之用。但由於時間太久了，原稿竟遍尋不獲，使我十分沮喪。如果不是承諾在先，不容半途而廢，我大概只好放棄整個計畫了。何況註釋並不僅僅是恢復舊註，更重要的是增添新註以儘量吸收最近十幾年來與本文多方面密切相關的新創獲。僅此一項的工作量便已使我有不勝負荷之感，而更出意外的則是全稿的修訂和增補最後竟逼使我對於先秦原始典籍(包括新發現的簡帛在內)重作了一次全面而系統的研究。

修訂的必要起於中西論證方式的歧異。我的原稿是英文，以西方讀者爲對象，自然採用了西方的論證方式。這次通讀中譯本，我感覺有些地方在中文裡應該換一種說法，而另一些地方則似乎應多引經典原文以增強說服力。這當然是因爲中國原有的論證方式與西方不同。中、西在這一方面的差異是很複雜的，但不妨作一高度概括性的區分：中國的「考證」傳統源遠流長，一般而言，重「證」(“evidence”)更甚於「論」(“argument”)；西方則自始即發展了論辯之術(“rhetoric”)，因而特別重視「論」的說服功能(persuasion)。所以我的修訂大致是在「論」的部分力求緊湊或「重新述說」(reformulation)；在「證」的部分則儘量引用原文。修訂最初是局部的，但一旦開始便逐漸擴大範圍，最後竟從修訂一躍而增寫新篇。〈「天人合一」的歷史演變〉和〈結局：內向超越〉兩篇長文都是這次新寫的；我以原稿中未能充分展開討論的一些重要論題爲核心，遍考先秦文本，作了比較透徹的發揮。我希望這些修訂和增補可以加強我的論證在中文語境中的說服力。

但是全部修訂和擴大的工作完成之後，我立即遇到了一個新的難題：譯文全稿不過四萬字左右，而新寫的部分竟超過六萬言，已非一篇論文的空間所能容納。經過和弱水的往復商討，我們決定讓全稿以專題研究(“monograph”)的方式單獨刊行，然後由我另寫一篇綜合性的提綱，將第二度研究的新收穫融入其中，作爲全文的總結。第六節〈從天人合一到內向超越〉便是這一決定的產品。不過這裡不妨補說一句，這一節雖建立在專書最後兩章的基礎上面，但重點和呈現方式卻略有不同，所以繁簡二本仍有可以互相參照之處。

最後，我必須向兩位譯者，傅揚先生和毛元亨先生，致最誠摯的感謝：如果沒有他們所提供的出色當行的譯稿，這部久已「放棄了的計畫」大概便不會有浴火重生的機會了。

余英時

二〇一一年十月十六日
於普林斯頓

跋二

本書原稿經過修改和增補之後，只要再加上一篇「自序」便可以付印了。但是完全出乎意料之外，「自序」竟演變成一篇長達四萬字的「代序」，而本書的出版也隨著一再延遲了下來。我覺得應該對這一點作一交代。

「代序」寫得這樣長並不是由於下筆不能自已，以致氾濫成災。恰恰相反，這是經過一再考慮而發展出來的；關鍵則在我向《思想史》編輯部作了承諾，「自序」寫成後，先在這部新學報的創刊號上發表。

我的最初構想是在「自序」中說明這部專著的中心論旨、基本預設、研究取向、歷史意義等等。由於「自序」是專爲本書的讀者而寫，在涉及本書的內涵時，我便可以儘量節省筆墨，略道其相關之點而止。但在即將動筆之際，我才發覺這一構想必須作重大修改。爲什麼呢？因爲「自序」既然先在學報中作爲一篇獨立的研究論文出現，它必須首尾完具，意義自足。學報讀者並沒有機會閱讀本書，如果「自序」按照最初構想寫出，他們必多摸不頭腦的地方。這就是說，作爲學報論文，「自序」必須將本書研究所得扼要地揭示出來，使讀者可以對全文涵義一覽無遺。

很自然的，我首先想到的方案是在序中添寫一節本書的提要，爲學報讀者提供理解的背景。但是經過一思、再思之後，我終於否定了這一方案。這裡有兩重理由：第一，本書內容相當複雜，具有深度的提要寫起來不但費力，而且也很費筆墨。但提要畢竟不是原創性的研究，不宜在學報論文中占去太多的篇幅。第二，提要對於本書讀者而言，則完全是多餘的，放在「自序」中，疊床架屋，更不足取。

如此反覆斟酌，最後我決定另起爐灶，在本書的大範圍中選一相關題旨，重作有系統的論述；這便是〈中國軸心突破及其歷史進程〉。這樣一來，「自序」便讓位於「代序」了。

「代序」分爲上、下兩篇：上篇追溯了本書中心論旨的長期醞釀過程，也闡明了我爲什麼引用「軸心突破」的概念來解釋先秦各派思想的起源。下篇超過三萬字，是一篇獨立論文，旨在通過歷史流程來觀測中國的軸心突破是怎樣逐步展開的。這一歷史向度自始即在本書的整體構想之中，但因正文所處理的問題甚多，以致未能對此進行有系統的論述。現在「代序」恰好提供了適當的機緣，使我可以將這一薄弱的環節充實起來。因此「代序」下篇所涉及的論題和史料都有超出正文範圍以外地方，這是應該特別說明的。

《思想史》主編陳正國先生以無比的耐心容忍這篇「代序」在撰寫過程中不斷發展。他不但從未露出絲毫催促的意思，而且還時有提示和建議，使我可以更從容地對全文進行思考。直到現在，我才知道這篇「代序」竟使《思想史》創刊號錯過了一個關係重大的出版期限。對於陳先生，我的愧疚更深於感激。

「代序」上、下篇分別由黃庭碩（臺大歷史所研究生）和尤智威（政大歷史所研究生）兩位先生輸入電腦。「代序」在匆促中持續寫成，不能字字清晰，兼之稿中多涉古今典籍及專門名詞，益增辨識上的困難。但黃、尤兩君每次收到手稿，都能在最短時間內趕出清樣，學力與勤奮同樣使我感佩。我必須在此表達由衷的謝意。

余英時

二〇一三年七月十日

余英時文集12

論天人之際：中國古代思想起源試探

2023年1月二版
2023年10月二版二刷

定價：平裝新臺幣360元
精裝新臺幣580元

著者	余英時
總策劃	林載爵
總編輯	涂豐恩
副總編輯	陳逸華
叢書主編	沙淑芬
校對	吳美滿
封面設計	莊謹銘

出版者	聯經出版事業股份有限公司
地址	新北市汐止區大同路一段369號1樓
叢書主編電話	(02)86925588轉5310
台北聯經書房	台北市新生南路三段94號
電話	(02)23620308
郵政劃撥帳戶第	0100559-3號
郵撥電話	(02)23620308
印刷者	世和印製企業有限公司
總經銷	聯合發行股份有限公司
發行所	新北市新店區寶橋路235巷6弄6號2F
電話	(02)29178022

總經理	陳芝宇
社長	羅國俊
發行人	林載爵

行政院新聞局出版事業登記證局版臺業字第0130號

本書如有缺頁，破損，倒裝請寄回台北聯經書房更換。
聯經網址 http://www.linkingbooks.com.tw
電子信箱 e-mail:linking@udngroup.com

ISBN 978-957-08-6719-0 (平裝)
ISBN 978-957-08-6720-6 (精裝)

國家圖書館出版品預行編目資料

論天人之際：中國古代思想起源試探 / 余英時著 .
二版 . 新北市 . 聯經 . 2023.01 . 276面 . 14.8×21公分
ISBN 978-957-08-6719-0（平裝）
ISBN 978-957-08-6720-6（精裝）
[2023年10月二版二刷]

1. CST: 思想史　2. CST: 中國哲學史

112　　111021609